Sag Josef (Herbergssuche)

Maria:
Sag Josef, mein Josef,
sag, ist es noch weit?
Das Kind wird bald kommen.
Es wird höchste Zeit!

Josef:
Maria, Maria,
wir sind schon ganz nah!
Die Straßen die Gassen ...
Schau, wir sind jetzt da!

Spielanleitung

Er führt Maria langsam herum, bis sie zu einem Gasthaus kommen.

Maria:
Sag Josef, mein Josef,
was soll nur geschehn?
Das Kind wird bald kommen.
Wohin solln wir gehn?

Josef:
Maria, Maria,
hier ist eine Tür!
Mit Mut und Vertrauen,
so klopfe ich hier!

Spielanleitung

Josef klopft an die Tür.

Wirt:
Was wollt ihr?
Was wollt ihr
heut abend so spät?

Maria und Josef:
Ein Bett und
ein Zimmer,
wenn's eben noch geht!

Wirt:
Ein Bett und
ein Zimmer!
Da kommt ihr erst jetzt?
Geht weiter,
denn leider ist alles besetzt!

Josef:
Kein Bett und
kein Zimmer.
So heißt's überall
Dort drüben,
Maria,
steht nur noch ein Stall!

Maria:
Komm, Josef, mein Josef,
und sorge dich nicht.
Im Stall ist es warm, und
der Stern gibt uns Licht.

Spielanleitung

Sie geht mit Josef zum Stall. Sie setzen sich dort bei der Krippe nieder.
Die Szene kann beliebig oft wiederholt werden, wobei Maria und Josef immer zu anderen Gasthäusern gehen. Überall werden sie abgewiesen. Das Lied kann von den einzelnen Spielern, aber auch von der ganzen Gruppe gesungen werden. Zum Schluß kommen Maria und Josef zum Stall.

1. Krippenspiel: Herbergssuche

Vorwort

Das Spiel setzt sich aus einfachen Liedern zusammen, von denen jedes für sich allein auch einen Höhepunkt des Weihnachtsgeschehens in spielerischer Weise zum Erlebnis werden läßt. So kann ein Lied aus dem Weihnachtslieder-Krippenspiele ebenso im Kindergarten, in der Grundschule oder im Gottesdienst eingesetzt werden wie mehrere oder alle zusammen.

Die Spiellieder erzählen folgende Inhalte der Weihnachtsgeschichte:

>Herbergssuche
>Der Stern über dem Stall
>Gottes Sohn im Stall
>Die Engel verkünden den Hirten
>Alle laufen zum Stall
>Die drei Könige

Die Melodien sind so einfach, daß sie auch ohne Instrumentenbegleitung angesungen und sogleich aufgenommen und mitgesungen werden können. Die Lieder können auch mit Orff-Instrumenten begleitet werden.

Der *Erzähler*, der in dem hier angegebenen Spieltext die Verbindung zu den einzelnen Szenen herstellt, kann durch verschiedene Sprecher, die die entsprechenden Abschnitte aus dem Lukas- bzw. Matthäus-Evangelium lesen, ersetzt werden.

Er kann auch ganz entfallen.

Das Spiel kann nach und nach in der Gruppe erarbeitet werden. Es können auch verschiedene Gruppen jeweils ein oder zwei Lieder in der Adventszeit singen und spielen, so daß dann bei einer Aufführung alle mit ihren Liedern im Ablauf der Szenen nacheinander eingesetzt werden können.

Das Spiel kann ganz ohne Requisiten gespielt werden. Wer Spaß am Kostümieren hat, kann entsprechende Möglichkeiten schaffen. Große Wandbilder können die jeweilige Situation noch verdeutlichen, z.B. Gasthäuser für die Herbergssuche, ein Stall mit dem Stern darüber.

Das Lied „Alle laufen zum Stall" fordert dazu auf, daß alle, die sich im Raum befinden oder den Gottesdienst mitfeiern, sich dem Zug anschließen, der sich zum Stall mit der Krippe hinbewegt.

Der Spielleiter kann alle, die mitgehen wollen, nacheinander fragen, was sie dem Kind und den Eltern als Geschenk mitnehmen wollen: z.B. ein Schäfchen, einen Ball, ein Lachen, ein Streicheln ... .
Es sei noch deutlich darauf verwiesen, daß das Spiel auch spontan in der Gruppe, im Gottesdienst erarbeitet und gespielt werden kann, weil Texte und Melodien so einfach gestaltet sind, daß sie sogleich aufgenommen und in ein Spiel umgesetzt werden können.

Da war im Dunkeln ein helles Funkeln.

Da war im Dunkeln
ein helles Funkeln.
da war ein Leuchten in der Nacht.
Da war ein Singen,
ein helles Klingen,
das hat uns alle froh gemacht.

So kam das Licht in unsere Dunkelheit.
So kam das Licht in unsere Einsamkeit.
Sie wurde plötzlich zur Vergangenheit,
und mit ihr ging auch alle Traurigkeit.
So kam das Licht zu uns herein
und ließ uns plötzlich glücklich sein.

Kehrvers:
Da war im Dunkeln ein helles Funkeln, da ...

Im Licht verlöscht all unser Zank und Streit.
Im Licht verlöschen Bosheit, Haß und Neid.
Es macht das Licht uns unsere Herzen weit,
wir spüren in uns schon die Fröhlichkeit.
So kam das Licht zu uns herein
und ließ uns plötzlich glücklich sein.

Kehrvers:
Da war im Dunkeln ein helles Funkeln, da ...

Herbergssuche

1. Sprecher
Der Kaiser Augustus in Rom ist ein mächtiger Mann.
Er ordnet an, und alle müssen gehorchen.
Und der Kaiser Augustus will wissen, wie viele
Menschen in dem großen Römischen Reich leben.
So ordnet er an: „Jeder muß dorthin reisen, wo er
geboren ist!"

2. Sprecher
Maria und Josef wohnen in Nazareth. Aber Josef
ist nicht dort geboren, sondern in Bethlehem. Das
ist eine kleine Stadt in der Nähe von Jerusalem.
Maria erwartet ein Kind. Dieses Kind wird Gottes
Sohn sein. Es wird nicht mehr lange dauern, bis
das Kind geboren wird.

1. Sprecher
Der Kaiser ordnet an und alle müssen gehorchen.
So müssen auch Maria und Josef von Nazareth nach
Bethlehem gehen. Und das ist ein sehr, sehr
weiter Weg.
Und Maria erwartet ein Kind.

2. Sprecher
Seht, jetzt kommen sie endlich in Bethlehem an.

Spielanleitung

Josef kommt mit Maria. Sie gehen langsam. Josef stützt
Maria. Im Verlauf des Spielliedes gehen sie von einem Gasthaus zum anderen.
Die Gasthäuser können von Spielern gebildet werden, die
sich gegenüberstehen und ihre Hände zu einem Dach hochhalten und miteinander verbinden.
Der Wirt steht in der Mitte. Alle können gemeinsam singen.

2. Szene

2. Sprecher
Josef und Maria haben überall in Bethlehem nach einer Unterkunft gesucht.
Überall wurden sie abgewiesen.
So fanden sie schließlich nur den Stall.
Und in diesem Stall brachte Maria das Kind zur Welt – Gottes Sohn.

Spielanleitung

Wir singen alle zusammen im Rundgesang oder im Kanon. Dazu erscheint der helle Stern über oder neben dem Stall (Punktscheinwerfer oder ein Kind, das einen großen Stern aus Pappe vor sich hält oder über sich an einem Stab trägt).

Kanon: Mitten in der Nacht

Mitten in der Nacht,
Stern erwacht,
kündet allen nah und fern
die Geburt des Herrn.

3. Szene

2. Sprecher
Maria wickelt das Kind in Windeln und legt es in die Futterkrippe. Josef hat sie vorher sorgfältig mit Stroh ausgepolstert.

Spielanleitung

Maria beugt sich über die Krippe oder schaukelt das Kind auf dem Stroh. Sie kann das Wiegenlied allein oder mit Josef zusammen singen. Das Lied läßt sich auch vom Chor oder von der ganzen Gemeinde singen.

Kleines Kind im Stroh

1.
Kleines Kind im Stroh,
du machst uns so froh!
Gott will, daß du alle liebst
und uns Menschen Frieden gibst.
Kleines Kind im Stroh,
du machst uns so froh!

2.
Schlaf, mein Krippenkind!
Bläst auch kalt der Wind.
Du lädst alle Menschen ein,
willst ihr treuester Bruder sein.
Schlaf, mein Krippenkind!
Bläst auch kalt der Wind.

3.
Kamst zu uns herein,
wirst so einsam sein,
weil du alle Menschen liebst.
und für sie dein Leben gibst.
Kamst zu uns herein,
wirst so einsam sein.

4.
Kind auf meinem Schoß,
Gott macht dich so groß.
Du bist stärker als der Tod
und nimmst von uns alle Not.
Kind auf meinem Schoß,
Gott macht dich so groß.

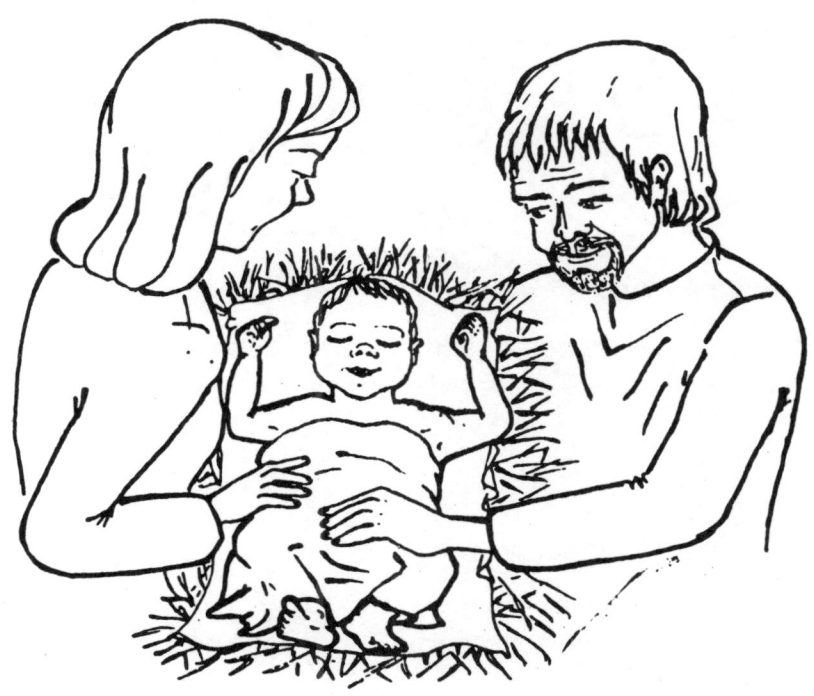

4. Szene

1. Sprecher
In der Nacht wachen Hirten auf dem Feld bei ihren Schafen. Sie bleiben die ganze Nacht draußen, damit den Schafen nichts geschieht.

Spielanleitung

Die Hirten und die Schafe kommen. Die Hirten treiben sie zusammen, dann setzen sie sich oder legen sich zum Schlafen hin.

2. Sprecher
Sie schlafen sogar bei ihren Schafen.

1. Sprecher
Mitten in der Nacht schickt Gott einen Engel zu den Hirten. Er weckt die Hirten auf.

Wach auf (Hirtenspiellied)

Spielanleitung

Zu dem Lied weckt ein Hirte den anderen. Immer mehr werden wach und erblicken die Engel, die nach und nach näher kommen.

Hirten:
1.
Wacht auf, wacht auf!
Was kann das nur sein?
Um uns herum ist ein heller Schein!
Schau dir doch den Himmel an.
Sag, was das bedeuten kann.
Wacht auf, wacht auf!
Was kann das nur sein?

2.
Wacht auf, wacht auf!
Was kann das nur sein?
Um uns herum ist ein heller Schein.
Und dort seh ich Leute stehn,
die ich vorher nie gesehn.
Wacht auf, wacht auf!
Was kann das nur sein?

3.
Wacht auf, wacht auf!
Was kann das nur sein?
Um uns herum ist ein heller Schein.
Seht, es werden immer mehr,
und sie kommen zu uns her.
Wacht auf, wacht auf!
Was kann das nur sein?

4.
Steht auf, steht auf!
Erhebt euch ganz schnell!
Um uns herum ist jetzt alles hell!
Um uns ist ein heller Schein.
Seht, es müssen Engel sein!
Steht auf, steht auf!
Erhebt euch ganz schnell!

Engel:
5.
Hört zu, hört zu,
wir künden euch an,
was Gott für unsre Welt getan.
Überm Stall der helle Stern
zeigt euch die Geburt des Herrn.
Hört zu, hört zu,
das künden wir an!

6.
Geht los, geht los
und geht zu dem Kind.
Steht nicht herum! Los, geht geschwind!
Dieses Kind bringt ganz allein
Frieden in die Welt hinein!
Lauft los, lauft los
und geht zu dem Kind!

Hirten:
7.
Habt Dank! Habt Dank!
So laufen wir schnell.
Überm Stall strahlt der Stern so hell.
Kommt das Wunder anzusehn,
das in dieser Nacht geschehn!
Habt Dank! Habt Dank!
So laufen wir schnell!

5. Szene

Hirtentanz

1.
Alle Hirten kommen heute,
und sie tanzen voller Freude.
Seht den Stern am Himmel stehn,
ein Wunder ist geschehn!
Kommt, kommt, kommt doch all'
und lauft mit uns zum Stall.
Lalala, lalala, la, la, la, la, la, la ...

2.
Oh, wie freuen wir uns heute,
ich und du und alle Leute.
Laßt zum Stall uns alle gehn,
das Wunder anzusehn!
Kommt, kommt, kommt doch all'
und lauft mit uns zum Stall.
Lalala, lalala, la, la, la, la, la, la ...

3.
Darum sind wir voller Freude,
darum tanzen alle Leute.
Hoch erklingt das Weihnachtslied,
und alle singen mit:
Kommt, kommt kommt doch all'
und lauft mit uns zum Stall.

Spielanleitung

Einer geht auf die anderen zu und lädt sie ein, sich ihm anzuschließen, so daß nach und nach eine lange Kette entsteht. Zunächst gehen wir hintereinander her im kleinen Kreis, der

dann immer größer wird, bis wir alle in einer langen Reihe zur Krippe im Stall gehen.
Wir können uns an den Händen anfassen oder die Hände auf die Schulter unseres Vordermann legen.

6. Szene

2. Sprecher
Seht nur die Hirten wollen zum Stall gehen, um
das Kind anzubeten, das in der Krippe liegt.
Jedem, dem sie begegnen, erzählen sie davon.
Seht, da kommen sie.
Wir wollen auch mitgehen.
Ob wir auch Geschenke für das Kind und seine
Eltern haben?

Alle laufen zum Stall.

Spielanleitung

Einer beginnt zu singen, es werden immer mehr. Wir ziehen zu dem Lied durch den Raum, durch die Kirche und laden immer mehr ein, mit uns zu kommen. Wir können auch fragen, was wir dem Kind als Geschenk mitbringen wollen, z.B. ein Schaf ein warmes Tuch, eine Windel, ein Streicheln ... .

Wißt Ihr schon

1.
Wißt ihr schon
was davon?
Habt ihr's schon vernommen?
Wißt ihr's schon?
Gottes Sohn ist zu uns gekommen!
In dem Stall in dunkler Nacht
ward das Kind zur Welt gebracht.
Komm doch mit, komm doch mit!
Wer uns sieht, bleib nicht länger stehen.
Komm doch mit, komm doch mit
sing ein Lied, wenn wir zu ihm gehen!

2.
Wißt ihr schon
was davon?
Habt ihr's schon vernommen?
Wißt ihr's schon?
Gottes Sohn ist zu uns gekommen!
In der Krippe liegt das Kind,
dort, wo Ochs und Esel sind.
Komm doch mit, komm doch mit!
Wer uns sieht bleibt nicht länger stehen.
Komm doch mit, komm doch mit,
sing ein Lied, wenn wir zu ihm gehen.

Einzelne sprechen:
Ich habe dir ein Lämmchen mitgebracht! Ich ein paar warme Decken! Ich habe einen Ball! Ich habe Windeln für dich. Und ich ein Strampelhöschen! Ich möchte dich am liebsten streicheln! usw ... .

3.
Wißt ihr schon
was davon?
Habt ihr's schon vernommen?
Wißt ihr's schon?
Gottes Sohn
ist zu uns gekommen!
Und so ziehn wir durch die Nacht.
Jeder hat was mitgebracht.
Komm doch mit, komm doch mit!
Wer uns sieht,
bleib nicht länger stehen.
Kommt doch mit,
sing ein Lied,
wenn wir zu ihm gehen.

7. Szene

2. Sprecher
Der Stern über dem Stall leuchtet so hell, daß ihn die Leute sogar in anderen Ländern sehen können.
Im fernen Land sehen einige Männer nachts den Stern. Es ist ein besonderer Stern.
Die Männer sagen:

1. Sprecher
Es ist ein Königsstern! Ein König ist geboren.
Wir wollen den König suchen!"

2. Sprecher
So ziehen sie hinter dem Stern her. Sie fragen überall:

1. Sprecher
„Ist hier der König der Welt geboren?"

2. Sprecher
„Hier nicht!" sagen die Leute.
Sie fragen in Jerusalem
und sie kommen endlich nach Bethlehem.

1. Sprecher
Macht ihnen Platz, ihr Leute!

Drei Könige

Spielanleitung

Zu dem Lied ziehen die Könige ein. Sie gehen durch den ganzen Raum und kommen schließlich zur Krippe. Dort knien sie nieder und beten Christus an.

1.
Drei Könige, drei Herrn,
drei Könige, drei Herrn,
die ziehen durch das ganze Land
und folgen einem Stern.

2.
So folgen sie dem Stern,
so folgen sie dem Stern
und fragen überall im Land
nach Jesus, unserm Herrn.

3.
So folgen sie dem Stern,
so folgen sie dem Stern
und kommen auch nach Bethlehem
und fragen nach dem Herrn.

4.
Macht Platz den feinen Herrn!
Sie folgen diesem Stern.
Und in der Krippe hier im Stall
da finden sie den Herrn.

8. Szene

2. Sprecher
So ist wieder Weihnachten geworden.
Alle gehen zu der Krippe im Stall,
Große und Kleine, Arme und Reiche,
Fröhliche und Traurige, Gesunde und Kranke.
Und alle finden dort Gottes Sohn.
Und über dem Stall steht der helle Stern.
Da dürfen wir uns alle freuen.

(Gemeinsames Schlußlied)

Kanon: Mitten in der Nacht

Mitten in der Nacht
ist ein Stern erwacht,
kündet allen nah und fern
die Geburt des Herrn.

Spielanleitung

Mitten in der Nacht	– Wir halten beide Hände so vor uns, daß die Innenseite unserer Hände wie ein kleiner flacher Korb wirkt.
ist ein Stern erwacht	– Wir heben die Hände hoch und dicht nebeneinander und bilden mit allen zehn ausgestreckten Fingern den Stern.
kündet allen nah und fern	– Unsere Hände gehen weit auseinander und wieder nach unten, so daß wir anschließend wieder die Hände wie zu Beginn des Liedes vor uns halten.
die Geburt des Herrn.	– Wir halten beide Hände so vor uns, daß die Innenseite unserer Hände wie ein kleiner flacher Korb wirkt.

2. Spiel:

Die Legende von den drei Räubern

1.
Es lebten einst drei Räuber
nicht weit von Bethlehem,
die plünderten und raubten
bis nach Jerusalem.
Das waren wilde Räuber.
Wer sie von fern nur sah,
der lief, so schnell er konnte,
damit ihm nichts geschah.

2.
Sie trugen Schwert und Säbel
und sahn gefährlich aus.
Und sah man sie nur kommen,
nahm jeder gleich Reißaus.
Sie ruhten aus bei Tage
und raubten in der Nacht
und haben manchen Menschen
um Hab und Gut gebracht.

Kehrvers:
Ein Wunder,
ein Wunder,
ein Wunder müßt geschehn,
damit die
drei Räuber
kein Unrecht mehr begehn.

3.
Und legten sich die Leute
den Riegel vor die Tür,
so merkten sie am Morgen:
Die Räuber waren hier!
Weil diese wilden Räuber
so viele schon bedroht,
drum waren sie gefürchtet
von allen wie der Tod.

Refrain:
Ein Wunder,
ein Wunder,
ein Wunder müßt geschehn,
damit die
drei Räuber
kein Unrecht mehr begehn.

4.
Einst sahen die drei Räuber
noch Licht in einem Stall.
Da planten sie gemeinsam
sogleich den Überfall.
Sie rissen auf das Stalltor,
daß es zur Seite flog.
Da standen ein paar Leute
um einen Futtertrog.

5.
Es rasselten die Säbel.
Sie brüllten: „Hände hoch!
Geld oder euer Leben!"
Und manches Schlimme noch.
Maria sah die Räuber
ganz still und freundlich an.
Sie zeigte auf die Krippe
und winkte sie heran.

6.
Sie sagte zu den Räubern:
„Ihr macht das Kind ja wach!
Seht, Gottes Sohn will schlafen!
Macht doch nicht solchen Krach!"
Im Stall, da ist ein Wunder
in dieser Nacht geschehn.
So konnten die drei Räuber
sich selber nicht verstehn.

2. Kehrvers:
Ein Wunder,
ein Wunder,
ein Wunder ist geschehn,
damit die drei Räuber
kein Unrecht mehr begehn.

7.
Sie knieten vor dem Kind, und
sie beteten es an
und baten um Vergebung
für das, was sie getan.
Dann zogen sie verstohlen
die Räuberstiefel aus
und tappten durch das Tor
in die dunkle Nacht hinaus.

Kehrvers:
Ein Wunder,
ein Wunder,
ein Wunder ist geschehn.
Und von den
drei Räubern
ward keiner mehr gesehn.

1. Strophe
Einzelne Mitspieler stellen Bäume mit ihren Ästen dar. Ganz hinten steht das Räuberhaus. Es kann aus Pappe oder Kartons gebaut werden. Auch zwei Spieler können sich gegenüberstehen und ihre Arme so aneinanderhalten, daß sie das Dach des Räuberhauses bilden.
Die Räuber tragen wilde Bärte, Räuberstiefel, Räuberhüte und Schwerter und Säbel aus Papier.
Sie kommen aus dem Haus heraus, zeigen ihre Muskeln und präsentieren sich dem Publikum.

2. Strophe
Zwei Leute gehen durch den Wald. Sie tragen einen Korb zwischen sich. Da schleichen die Räuber von hinten an. Einer läuft vor die Leute und bedroht sie, die beiden anderen nehmen ihren Korb fort und laufen davon.

3. Strophe
Wir bauen noch mehr Häuser mit verschiedenen Spielern.
Wenn die Leute in den Häusern sich schlafen legen, legen sie den Riegel vor die Haustür. Wir stellen das so dar, daß die beiden hinteren gegenüberstehenden Arme der Spieler, die das Haus darstellen, weiterhin als Dach bestehen bleiben. Die beiden vorderen Arme drücken wir nach unten, so daß die Hände fest ineinander schließen.
Da kommen die Räuber und schleichen von hinten in die Häuser hinein und rauben alles, was sich dort befindet.

4. Strophe
Jetzt bauen wir den Stall. Maria und Josef gehen hinein. In der Krippe liegt das Kind. Der Stall kann von mehreren Spieler dargestellt werden, die eng nebeneinanderstehen und ihre Hände wie ein Dach schützend über Maria und Josef halten.
Die Stalltür wird von zwei oder vier kräftigen Spielern dargestellt, die sich eingehakt haben.
Die Stalltür wird von den Räubern, die leise herangeschlichen sind, gewaltsam geöffnet, d.h., die Spieler werden zur Seite geschoben, so daß Maria und Josef und die Krippe zu sehen sind.

5. Strophe
Die Räuber gestikulieren wild, doch Maria winkt sie heran. Und die Räuber gehen völlig überrascht darauf ein. Sie gehen umständlich und vorsichtig bis zur Krippe.

6. Strophe
Maria spricht mit den Räubern (Wir könen gemeinsam singen. Maria selbst kann auch ihren Teil der Strophe allein übernehmen). Die Räuber schauen sie und dann das Kind in der Krippe völlig überrascht an und können es nicht fassen.

7. Strophe
Die Räuber knien nieder. Dann ziehen sie ihre Räuberstiefel aus und tappen leise davon. Zum Kehrvers werfen sie zunächst ihre Schwerter und Säbel fort, dann ziehen sie sich die Räuberhüte aus und nehmen die Räuberbärte ab. Und dann laufen sie zu dem Räuberhaus und bringen alle geraubten Sachen denen wieder zurück, denen sie sie abgenommen haben. Dazu kann der Kehrvers beliebig oft wiederholt werden.

Spielmöglichkeiten
a) Kleines Spiel auf der Bühne
b) Spiel im Halbkreis oder im Kreis
c) Spiel mit Stabpuppen, Marionetten oder Handpuppen
d) Schattenspiel, Menschenschattenspiel

Zu allen Spielen kann auch die Aufnahme auf der Playback-MC (Originale Instrumentalbegleitung ohne Gesang), Kinderlieder-Krippenspiele, eingesetzt werden.

Kanon: Da ist ein Leuchten in der Nacht

Da ist im Dunkeln
ein helles Funkeln.
Da ist ein Leuchten in der Nacht,
in der Nacht.

Da ist ein Singen,
ein helles Klingen,
denn in der Krippe
liegt das Kind.

Spielanleitung

Wir lernen das Lied und singen es gemeinsam.
Dann stellen wir uns im Kreis in vier Kreisen umeinander auf, alle mit dem Gesicht zur Kreismitte. Wir tragen alle noch nicht angezündeten Kerzen in der Hand.
Einer stellt sich mit einer brennenden Kerze in die Mitte. Wenn wir nun singen, geht der erste Kreis nach rechts, der zweite nach links, der dritte nach rechts und der vierte wieder nach links.
Der erste Kreis beginnt mit dem Singen, der zweite setzt ein usw.
Nun zündet während des Singens der Spieler in der Mitte eine Kerze im ersten Kreis an. Während wir weitersingen, zünden wir nach und nach im ersten Kreis unsere Kerzen an. Wenn in diesem Kreis alle Kerzen brennen, wendet sich der Kreis mit dem Gesicht nach außen, so daß die übrigen Spieler in den drei Kreisen die brennenden Kerzen sehen können. Einer zündet eine Kerze im zweiten Kreis mit dem Licht aus dem ersten Kreis an. Wenn im zweiten Kreis alle Kerzen brennen, wendet sich auch dieser um. Dann geht das Licht weiter zum dritten und vierten Kreis, bis alle Kerzen brennen.

2. Krippenspiel
Der Stern hat uns den Weg gezeigt
(Dreikönigsspiel)

Das Spiel stellt mit zehn Spielliedern die Geschichte von den Sterndeutern (MT 2, 1-12) in den Mittelpunkt und damit die Begegnung mit Herodes und die Suche nach dem König, der durch den Stern verheißen wurde.
Die Weissagung (MT 1,6) „Kleines Städtchen Bethlehem" wird ergänzt durch ein Zitat aus 2 Kor 4,6 „Ein Licht leuchtet auf in der Dunkelheit" und auf das Passions- und Ostergeschehen. Hinzu kommt ein Lied, das sich mit dem Mord an den unschuldigen Kindern im Auftrag des Königs Herodes befaßt (Rahels Klage, MT 2, 16-18).
Die Spielabfolge ist so gestaltet, daß sie beliebig gekürzt, variiert oder erweitert werden kann, wobei auch die anderen Lieder dieses Liedheftes eingesetzt werden können, beispielsweise als Schluß der Kanon „Mitten in der Nacht".
Der Spielleiter hat also die Möglichkeiten, nach seinen Vorstellungen und den Möglichkeiten der jeweiligen Gruppe, die das Spiel aufführen will, die entsprechenden Liedangebote auszuwählen. Das gilt auch für die Besetzung der Sprechtexte.
Die in dem Spielvorgang vorgesehenen beiden Sprecher können zu einem Sprecher zusammengefaßt oder in noch mehr Sprecher umgestaltet werden. Erfahrungsgemäß wird bei einer Aufführung mit dem Kindergarten oder in den beiden ersten Klassen der Grundschule die Suche nach dem Kind in Bethlehem im Mittelpunkt stehen und gerade hier viele Variationsmöglichkeiten bieten, die dem Alter der Spieler angemessen sind. Hier könnten folgende Spiellieder bereits

ein ganzes Spiel darstellen:
„Eine lange Karawane"
„Wir reisten bis nach Bethlehem"
„Wir haben seinen Stern gesehn"
„Kommt nur herein"

Das Spiellied „Wir haben seinen Stern gesehn" oder die beiden ersten Strophen von „Der Stern hat uns den Weg gezeigt" können auch als Auftrittslied der drei Weisen am Ende eines Krippenspiels, in der die Herbergssuche oder die Verkündigung der Hirten und die Anbetung im Stall im Mittelpunkt stehen, eingesetzt werden. Ebenso läßt sich das gesamte Spiel für einen großen Spielabend mit dem zweiten umfangreichen Spiel dieses Buches verbinden und aufführen, z.B. als Weihnachtsaufführung der Jugendkantorei, des Kirchenchors in der Verbindung mit einer Kinderspielgruppe oder als Schauspiel mit mehreren Klassen und dem Schulchor.

Die beiden Kanons „Ein Licht leuchtet auf in der Dunkelheit" und „Ehre sei Gott" sind nicht nur im Weihnachtsgottesdienst, sondern jederzeit einsetzbar.

Die hier gegebene Spielanleitung bezieht sich auf folgende Mitspieler: Zwei Sprecher, drei Sterndeuter, den Sternträger, Herodes, Wächter, Priester und Gesetzeslehrer, Schuster, Schneider, Marktfrau, Bürgermeister, Maria, Josef und das Kind sowie viele Mitspieler, die die Karawane darstellen.

Alle Rollen können auch gelesen werden. Ebenfalls kann das Spiel als Chorspiel aufgeführt werden, wobei Sprecher und Sänger auf ihren Plätzen bleiben. Wenn im Text Einzelstimmen angegeben sind, können diese auch von mehreren oder vom ganzen Chor gesungen werden.

Wer das Spiel als Puppen-, Schatten- oder Menschenschattenspiel aufführen will, kann die Musikcassette als Grundlage des Agierens auf der Bühne verwenden. Sie bringt die Lieder ungekürzt in der entsprechenden Reihenfolge.

Gute Einsatzmöglichkeiten sind auch mit der Playback-Cassette gegeben, die die gesamte musikalische Begleitung dieses Spiels und aller weiteren Lieder ohne Gesangsstimmen anbietet (Erschienen ebenfalls bei IMPULSE, Drensteinfurt).

1. Szene

2. Sprecher
Eine lange Karawane zieht durch die Straßen von Jerusalem. Die Leute in der Hauptstadt des Landes schauen ihr verwundert nach. In Jerusalem ist immer etwas los. Aber diese Karawane ist etwas ganz Besonderes:

1. Sprecher
Die Karawane wird von drei prächtig gekleideten Herren angeführt. Sie reiten auf kostbar geschmückten Kamelen, und viele Menschen und Tiere folgen ihnen.

2. Sprecher
Die Leute sind bunt gekleidet. Sie kommen sicher von weit her, denn sie tragen fremdländische Kleider.

1. Sprecher
Das ist keine gewöhnliche Karawane. Anscheinend wollen die Herren hier in Jerusalem einen Besuch abstatten.
Sie sind so kostbar gekleidet und führen so viele Geschenke mit, daß ihr Besuch nur einem gelten kann: Dem König Herodes in Jerusalem.

2. Sprecher
Ja, jetzt zieht die Karawane auf das Schloß des Königs zu.

Eine lange Karawane

1.
Eine lange Karawane
zieht heut durch die Nacht,
denn ein Stern hat viele Menschen
auf den Weg gebracht.

Kehrvers:
Suli, suliaram,
eilo, suliaram,
Der Stern will uns verkünden,
daß wir den König finden.
suliaram.

2.
Eine lange Karawane
kommt von fern daher.
Und ihr folgen viele Leute,
werden immer mehr.

Kehrvers:
Suli, suliaram, eilo ...

3.
Eine lange Karawane
zieht von Land zu Land.
Menschen, die sich neu begegnen,
ziehen Hand in Hand.

Kehrvers:
Suli, suliaram, eilo ...

4.
Unsre lange Karawane
zieht von Stadt zu Stadt.
Sucht den König, der der Himmel
uns verheißen hat.

Kehrvers:
Suli, suliaram, eilo ...

5.
Weiter zieht die Karawane
weiter Schritt für Schritt.
Große Leute, kleine Leute,
alle ziehen mit.

Kehrvers:
Suli, suliaram, eilo ...

Spielanleitung

Eine lange Karawane tritt auf. Die Spieler gehen in Zweierreihen nebeneinander her. Sie halten ihre Arme vor der Brust gekreuzt und wiegen sich zu dem Rhythmus der Musik. Dabei kommt die Karawane nur recht langsam voran. Ab der dritten Strophe geben sich die nebeneinander gehenden Spieler die Hand, halten aber die Außenhände weiterhin vor ihre Brust.
Beim Refrain „Suli suliaram ... ." strecken wir beide Arme zur Seite aus, heben sie dann nach vorn hoch, halten sie über unseren Kopf hoch ausgestreckt und lassen sie zum Rhythmus der Melodie dann langsam wieder herunter. Anschließend kreuzen wir die Arme wieder vor der Brust.
Die Leute der Karawane sind bunt gekleidet, zum Beispiel mit Turban, Schlafanzug, bunte Schleier und Tücher. Auch Tiere können mitziehen, u.a. Kamele, Elefanten, Esel, Pferde. Zum Verkleiden können wir Decken und Säcke, Trainingsanzüge, Pappohren und Mähnen aus Fell stricken oder farbiges Kreppapier benutzen.
Die Karawane wird von einem Sternträger angeführt. Er trägt einen hellen Stern (Papier, Pappe, Faltarbeit o.ä.) an einem langen Stab in erheblichem Abstand vor der Karawane her.
Ihm folgen die drei prächtig ausgestatteten Sterndeuter mit ihrem Gefolge und all denen, die sich der Karawane angeschlossen haben. Auch die Geschenke, die die Sterndeuter mit sich führen, sind zu sehen. Sie werden von einzelnen Dienern getragen.

2. Szene

Spielanleitung

Vor der zweiten Szene bleibt die Karawane auf der rechten Seite der Bühne, des Altarraumes, des Halbkreises oder des Spielkreises stehen.
Auf der linken Seite sitzt Herodes umgeben von seinem Hofstaat auf den Thron. Er wundert sich über den Lärm vor seinem Schloß, schickt seine Wächter hinaus und meint bald, daß die Karawane ihm ihre Geschenke überbringen will.

2. Sprecher
Ein Stern ist aufgegangen und hat verkündet, daß der König des Himmels und der Erde geboren wurde. Im fernen Land im Osten haben Sterndeuter den Stern gesehen und herausgefunden, daß dies ein ganz besonderer Stern ist. Ein Stern, der die Geburt des Königs verkündet.
So sind sie gleich aufgebrochen, um diesen König zu begrüßen, um ihm Geschenke zu bringen und ihn anzubeten.

1. Sprecher
Wo ist der König des Himmels und der Erde geboren? Vielleicht in der Hauptstadt des Landes, in Jerusalem? Vielleicht im Schloß?

2. Sprecher
In Jerusalem herrscht der König Herodes. In seinem Schloß ist jetzt kein Königssohn geboren worden.
Herodes wundert sich über die vielen Fremden vor seinem Schloß. Es scheinen edle, reiche und mächtige Herren zu sein. So schickt der König seine Wächter hinaus, um nachzusehen.

Sagt uns doch ihr Wächter

1.
Sagt uns doch, ihr Wächter,
was tut sich vor dem Schloß?
Ein Singen und Klingen,
ein Lärmen und Schwärmen,
ein Laufen und Schnaufen.
Was ist nur heute los?
Was ist nur heute los?

Spielanleitung

Die Wächter gehen zu der Karawane, betrachten sie, wenden sich an die drei Sterndeuter, gestikulieren und kommen dann zu Herodes zurück.

2.
Seht, drei edle Herren,
die stehen vor dem Schloß!
Sie kommen von ferne
und deuten die Sterne
und grüßen dich gerne
mit ihrem ganzen Troß,.
mit ihrem ganzen Troß.

Spielanleitung

Die Wächter haben dem König zu dem Lied mit Gesten gezeigt, was es mit den vornehmen Fremden auf sich hat. Herodes steht auf und winkt die Sterndeuter mit ihrer Karawane zu sich heran. Die Wächter geleiten sie vor den König.

3.
Führt die edlen Herren
herein in unser Schloß!
Herein ohne Zagen!
Ihr wollt uns was fragen?
Ihr wollt uns was sagen?
Kommt her und fragt drauflos!
Kommt her und fragt drauflos!

4.
Sagt, ihr edlen Herren,
wen sucht ihr hier im Schloß.
Es tragen die Knaben
Geschenke und Gaben.
Sagt, wer soll sie haben?
Sagt an, wen sucht ihr bloß?
Sagt an, wen sucht ihr bloß?

2. Sprecher
Seht, da treten die Herren vor den König und verneigen sich vor ihm.

1. Sprecher
Herodes hat gleich erkannt, daß sie wertvolle Geschenke bei sich haben. Kostbare Gefäße mit wertvollen Salben und feinen Duftstoffen. Geschenke, die nur für einen König bestimmt sein können.

2. Sprecher
Ob die fremden Herren ihm die Geschenke überreichen wollen?
Herodes hofft es. Wer ist würdig, diese wertvollen Geschenke zu erhalten? Doch nur der König selbst. Königliche Geschenke für den König in Jerusalem. Königliche Geschenke für den König Herodes!

3. Szene

1. Sprecher
Ob die drei Sterndeuter wirklich glauben, daß der König des Himmels und der Erde hier im Schloß geboren ist?

2. Sprecher
Sie sind dem Stern gefolgt. Und der Stern führt sie jetzt zur Hauptstadt des Landes. Aber über dem Schloß des Herodes bleibt der Stern nicht stehen.
Herodes will ganz genau wissen, was es mit dem Stern auf sich hat. Und die drei Sterndeuter und alle, die ihnen folgen, berichten gern davon.

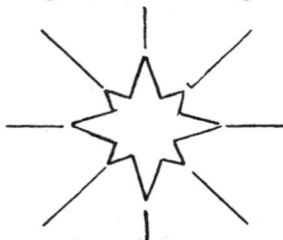

Ein Stern hat uns den Weg gezeigt

1.
Ein Stern hat uns den Weg gezeigt,
damit sich keiner irrt.
Der Stern hat uns den Weg gezeigt,
der uns zum König führt.

Kehrvers:
Ein Kind ist geboren.
Wir künden davon.
Das Kind ist der König
und Gottes Sohn.

2.
Ein heller Stern zeigt uns den Weg,
wenn wir zum Himmel schaun.
Der helle Stern zeigt uns den Weg,
ihm können wir vertraun.

Kehrvers:
Ein Kind ist geboren.
Wir künden davon.
Das Kind ist der König
und Gottes Sohn.

3.
Wir kommen nach Jerusalem,
zur Hauptstadt hier im Land.
Wir fragen in Jerusalem:
Ist hier etwas bekannt?

Kehrvers:
Ist hier unser König,
sein Schloß und sein Thron?
ein Kind ist der König
und Gottes Sohn.

Spielanleitung

Alle zeigen zu Beginn des Liedes mit ihren Händen nach oben und deuten an, daß dort der Stern ist.

4. Szene

2. Sprecher
Nein, hier im Schloß ist wirklich kein Königssohn
geboren worden.
Wenn aber die drei Fremden ihrer Sache so sicher
sind, dann muß etwas daran sein. Und der helle
Stern am Himmel ist wirklich nicht zu übersehen.
Ihn sieht selbst Herodes.
Wenn aber wirklich ein neuer König geboren wurde,
dann bedeutet das höchste Gefahr.
Kein Wunder, daß der König in große Aufregung
gerät, denn er fürchtet um seinen Thron.

1. Sprecher
Sogleich läßt er alle führenden Priester und
Gesetzeslehrer zu sich kommen. Sie sollen in den
alten Schriften nachschlagen und herausfinden, ob
es wirklich stimmt und wo der verheißene König
geboren werden soll.
Und die Gesetzeslehrer kommen mit dicken Büchern
herbei und stellen sich vor dem König auf. Sie
schlagen die Bücher auf, blättern um und suchen
und lesen.

2. Sprecher
Seht nur, jetzt hat einer die Stelle in seiner
alten Schrift gefunden. Er zeigt sie den anderen.
Er liest sie ihnen vor. Und jetzt lesen sie sie
gemeinsam. So muß Herodes hören, was einst der
Prophet geschrieben hat.

1. Sprecher
In der Stadt Bethlehem in Judäa soll der

versprochene König geboren werden. Denn so hat
der Prophet geschrieben:

2. Sprecher
Du Bethlehem im Lande Juda!
Keinesfalls bist du die geringste Stadt in Judäa,
denn aus dir soll einst kommen,
der mein Volk führen wird.

Kleines Städtchen Bethlehem

1.
Kleines Städtchen Bethlehem
nahe bei Jerusalem
unbedeutend und gering.
Trotz alledem
bist du noch so klein,
sollst du ganz allein
Geburtsort unseres Herrn
und Königs sein,

der für uns geboren,
der sucht, was verloren,
der unser Bruder ist,
den Gott uns gegeben,
daß wir mit ihm leben,
weil Gott uns nie vergißt.

2.
Kleines Städtchen Bethlehem
nahe bei Jerusalem
unbedeutend und gering.
Trotz alledem

bist du noch so klein,
sollst du ganz allein
Geburtsort unseres Herrn
und Königs sein.

Der zu uns gefunden,
der mit uns verbunden,
der unser Bruder ist.
Er wird bei uns stehen
und wird mit uns gehen,
weil Gott uns nie vergißt.

3.
Kleines Städtchen Bethlehem
nahe bei Jerusalem
unbedeutend und gering.
Trotz alledem
bist du noch so klein,
sollst du ganz allein
Geburtsort unseres Herrn
und Königs sein.

Er wird sich erbarmen
der Schwachen und Armen,
der unser Bruder ist.
Er wird für uns leiden
und wird mit uns streiten,
weil Gott uns nie vergißt.

4.
Kleines Städtchen Bethlehem
nahe bei Jerusalem
unbedeutend und gering.
Trotz alledem
bist du noch so klein,
sollst du ganz allein
Geburtsort unseres Herrn
und Königs sein.

1. Sprecher
In Bethlehem also ist der Sohn Gottes geboren.

2. Sprecher
In Bethlehem. In der Stadt Davids.
David, der ein Hirtenjunge war und König wurde.

1. Sprecher
König Herodes beschreibt den Fremden den Weg nach Bethlehem.

Spielanleitung

Der König zeigt mit Gesten den Sterndeutern, in welche Richtung sie weiterziehen sollen.

2. Sprecher
Als ob die Fremden die Ratschläge des Königs nötig hätten!
Sie haben einen viel besseren Wegweiser: Den Stern!

1. Sprecher
Aber der König tut nur so freundlich.
Er fürchtet sich vor dem neugeborenen König.
Er fürchtet um seinen Thron.

2. Sprecher
Seht nur, er redet heimlich auf die Fremden ein.
Sie sollen nach Bethlehem ziehen und sich erkundigen, wo der neue König geboren ist und ob es wirklich stimmt. Dann sollen sie zu ihm zurückkommen. Sie sollen ihm alles genau berichten.

1. Sprecher
Und dann will er selbst sich auf den Weg zum neuen König machen. Er selbst, der große und mächtige König Herodes will von Jerusalem in das winzige Städtchen Bethlehem kommen. Er will zu dem neuen König gehen und vor ihm niederknien.

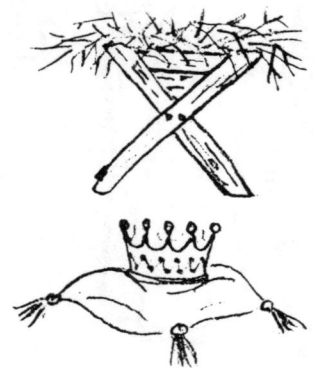

5. Szene

2. Sprecher
Seht doch nur, wie freundlich der König tut.
Ob die drei Fremden wirklich nicht bemerken, wie
scheinheilig der König ist?
Ob sie nicht ahnen, was er wirklich vorhat?
Er wartet doch nur darauf, genaue Nachricht über
den jungen König zu erhalten.
Dann wird er seine Soldaten nach Bethlehem
schicken mit dem einen Befehl, das Kind zu töten.
Um ganz sicher zu sein, wird er alle kleinen
Jungen bis zu zwei Jahren von seinen Soldaten
umbringen lassen. Er wird alles dransetzen, daß
ihm der junge König nicht entgeht.
So müssen viele unschuldige Kinder sterben. Seine
Soldaten werden Unschuldige ermorden, nur um seine
Macht zu erhalten.

Rahels Klage

1.
Sie sind in mein Haus gekommen.
Sie hatten das Schwert und die Macht.
Sie haben mein Kind mitgenommen
und haben es umgebracht.
Ich hielt es in meinen Armen.
Sie nahmen es mit Gewalt.
Sie töteten ohne Erbarmen.
Es war erst zwölf Monate alt.
Kyrie, Kyrie, Kyrie eleison.

2.
Sie kamen, mein Kind zu morden.
Es bleibt nur die trostlose Not.
An Schuldlosen schuldig geworden.
So sinnlos ist dieser Tod.
Ich schütz' es mit meinen Armen.
Sie nahmen es mit Gewalt.
Sie töteten ohne Erbarmen.
Es war erst zwölf Monate alt.
Kyrie, Kyrie, Kyrie eleison.

3.
So kam über Nacht der Winter.
Die Rosen erforen im Frost.
Wir weinen um unsere Kinder
und finden doch keinen Trost.
Wir schützten sie mit den Armen
und schrien vor Wut und Not.
Sie packten sie ohne Erbarmen.
Unsre Kinder, sie sind alle tot.
Kyrie, Kyrie, Kyrie eleison.

Spielanleitung

METHODISCH-DIDAKTISCHE HINWEISE siehe Liedanhang

2. Sprecher
Sie lassen sich wirklich von seinen freundlichen Worten täuschen. Warum warnt sie keiner vor dem König, der so um seine Macht und seinen Thron fürchtet?
Sie winken ihm sogar zu, als sie davongehen.

1. Sprecher
Gott läßt sich nicht täuschen!
Dem Kind wird nichts geschehen.
Die Fremden werden einen anderen Weg nehmen,
wenn sie in ihre Heimat zurückkehren.
Gott führt sie mit seinem Stern nach Bethlehem.
Gott führt sie auch wieder zurück. Und Gottes Weg
führt nicht über Jerusalem.

6. Szene

Die Karawane setzt sich wieder in Bewegung. Sie zieht hinter dem Stern her.
Der folgende Kanon wird zunächst gemeinsam, dann bei Weiterschreiten in vier Gruppen gesungen. Der vordere Teil der Karawane beginnt, dann der folgende usw. Zu den vier Textzeilen werden folgende Gesten ausgeführt:

Kanon: Ein Licht leuchtet auf in der Dunkelheit

Ein Licht leuchtet auf in der Dunkelheit!
Sein Schein dringt zu uns in unsre Zeit!
bezwingt Angst und Leid
und befreit.

Spielanleitung

1. Zeile: beide Arme mit ausgestreckten Händen nach oben
2. Zeile: beide Arme langsam herunter nehmen
3. Zeile: Die Arme weit auseinander nach beiden Seiten
4. Zeile: Arme vor den Körper, Hände aneinander, offen wie eine kleine Schale.

7. Szene

1. Sprecher
Endlich ist die Karawane in Bethlehem angekommen.

2. Sprecher
Sie sind am Ziel. Und der Stern steht über dem Stall.

Spielanleitung

In der Mitte der Bühne steht die Krippe mit Maria und Josef im Hintergrund. Der Sternträger bleibt mit seinem Stern hinter der Krippe stehen.
Links und rechts sind verschiedene Häuser (Verkaufsstände, Läden) aufgestellt.

1. Sprecher
Nichts deutet in der kleinen Stadt auf die Geburt eines Königs hin.

2. Sprecher
Die Häuser sind nicht geschmückt. Die Leute sind nicht festlich angezogen.

1. Sprecher
Eine Stadt wie jede andere. Ein Tag wie jeder andere.

2. Sprecher
Aber der Stern bleibt über Bethlehem stehen.

1. Sprecher
über dem Stall!

2. Sprecher
Wer sucht schon in einem Stall nach einem König?

Wir reisten bis nach Bethlehem.
Spielanleitung

Zu dem folgenden Lied ziehen die Sterndeuter von einem Stand zum anderen und fragen nach dem neugeborenen König. Die ganze Karawane zieht hinter ihnen her. Bei „Salem aleikum" verneigen sich alle voreinander.
Die einzelnen Leute, die gefragt werden, können ihre Berufskleidung oder beliebige typische Werkzeuge tragen. Die Personen können beliebig variiert oder erweitert werden.

Drei Könige:
Kehrvers:
Wir reisten bis nach Bethlehem,
den König anzusehn.
Wir reisten bis nach Bethlehem
und bleiben bei dir stehn.

Salem aleikum!
Sei gegrüßt!
Weißt du vom König?
Sag uns, wo der König,
zeig uns, wo der König
geboren ist.

Schuster:
1.
Ein König hier in Bethlehem?
Das kann ich nicht verstehn.
Da hört' ich nichts, da weiß ich nichts,
und hab' auch nichts gesehn,
hab' auch nichts gesehn.
Salem aleikum!
Es tut mir ja so leid!
Geht weiter zur Marktfrau,
vielleicht weiß die Bescheid.

Die Karawane zieht weiter zur Marktfrau.

Drei Könige:
Kehrvers:
Wir reisten bis nach Bethlehem, den ...

Marktfrau:
2.
Ein König hier in Bethlehem.
Das kann ich nicht verstehn.
Da hört' ich nichts, da weiß ich nichts,
und hab' auch nichts gesehn,
hab' auch nichts gesehn.
Salem aleikum!
Es tut mir ja so leid!
Geht weiter zum Schneider,
der weiß vielleicht Bescheid.

Drei Könige:
Kehrvers:
Wir reisten nach Bethlehem, den ...

Schneider:
3.
Ein König hier in Bethlehem.
Das kann ich nicht verstehn.

Doch hab' ich einen hellen Stern
über dem Stall gesehn!
über dem Stall gesehn!

Drei Könige:
Salem aleikum!
Kommt geschwind,
der Stern führt zum König,
wir finden das Kind.

Spielanleitung

So wird die Karawane von einem zum anderen geschickt, zum Bäcker, zum Metzger, zum Kaufmann, zum Wirt in dem Gasthaus, vielleicht sogar zum Bürgermeister. Aber keiner kann ihnen weiterhelfen.

2. Sprecher
Sie fragen jeden, den sie treffen nach dem
neugeborenen König.
Sie sind sich so sicher, daß sie ihn hier in
Bethlehem finden werden.

1. Sprecher
Sie fragen die Menschen und schauen nicht zum
Himmel.

2. Sprecher
Und am Himmel leuchtet der helle Stern, dem sie
bis nach Bethlehem gefolgt sind.

1. Sprecher
Der Stern steht über dem Stall genau über der
Stelle, wo das Kind ist.

2. Sprecher
Da! Jetzt hat einer den Stern wieder erblickt.
Er zeigt ihn den anderen. Ja, der Stern steht über
dem Stall.

Sternsingerlied

Zu der folgenden Strophe zieht die Karawane zur Krippe im Stall.

1.
Wir haben seinen Stern geseh'n,
'drum wollen wir gleich zu ihm geh'n.
So folgen wir dem Stern
und fragen, und fragen,
und fragen nach dem Herrn.

2.
Der Melchior, Kaspar, Balthasar
und eine große Kinderschar.
So folgen wir dem Stern
und fragen, und fragen,
und fragen nach dem Herrn.

3.
Wir sahen fern in unser'm Land,
daß dieser Stern am Himmel stand.
So folgen wir dem Stern
und fragen, und fragen,
und fragen nach dem Herrn.

4.
Wir fragten in Jerusalem,
der Stern steht über Bethlehem.
So folgen wir dem Stern
und fragen, und fragen,
und fragen nach dem Herrn.

5.
In Bethlehem im Stall zur Nacht
ward Gottes Sohn zur Welt gebracht.
So nah' sind wir dem Stern
und finden, und finden,
und finden unsern Herrn.

8. Szene

1. Sprecher
Jetzt sind sie am Ziel ihrer Reise angelangt.

2. Sprecher
Im Stall werden sie das Kind finden, das der König des Himmels und der Erde ist.

1. Sprecher
Hier im Stall werden sie Gottes Sohn finden.

2. Sprecher
Und Maria, seine Mutter. Und Josef, den Zimmermann, der das Kind wie sein eigenes Kind liebt und beschützt.

1. Sprecher
Seht nur, er kommt schon, um die vielen Menschen zu begrüßen. Er weiß schon, daß es Gottes Sohn ist, der drinnen in der Krippe liegt. Maria hat es ihm selbst gesagt.

2. Sprecher
Und die Hirten. Sie waren zum Stall gekommen, als ihnen die Engel die Geburt des Kindes verkündet hatten.

1. Sprecher
Viele arme Leute waren hier und hatten den König begrüßt. Und jetzt stehen fremde Menschen vor dem

Stall. Reiche Leute. Aber auch sie sollen leise und vorsichtig sein und das Kind und seine Mutter nicht stören.

2. Sprecher
Josef braucht den Fremden gar nichts zu sagen. Ganz vorsichtig und behutsam treten sie ein. Sie freuen sich ja so auf den König, den ihnen der Stern versprochen hat.

Kommt nur herein

1.
Kommt nur herein!
Kommt nur herein!
Ihr müßt behutsam und leise sein!
Lautlos gehen
auf den Zehen!
Nur nicht poltern
und nicht stolpern,
daß ihr das Kind nicht weckt
und nicht erschreckt!

2.
Kommt nur herein!
Kommt nur herein!
Ist dieser Stall auch eng und klein.
Tuscheln, wispern,
nur noch flüstern,
lauschen, hören,
ja nicht stören!
Seht nur, das Kind im Stroh
macht uns so froh!

3.
Kommt nur heran!
Kommt nur heran!
Schaut euch das Kind in der Krippe an!
Etwas bücken,
zaghaft drücken,
lächeln, schmeicheln,
zärtlich streicheln.
Seht nur, das Kind im Stroh
lächelt so froh!

Die Spielanleitung ergibt sich aus dem Text der einzelnen Strophen.

9. Szene

1. Sprecher
So viele Menschen sind bestimmt noch nie in diesem Stall gewesen.

2. Sprecher
Zuerst waren die Armen gekommen. Jetzt wird der junge König von den Mächtigen der Welt begrüßt, von den Klugen und Weisen aus fernen Ländern.

1. Sprecher
Sie haben auch Geschenke mitgebracht.

Spielanleitung

Zu dem folgenden Lied überreichen die Spieler Maria und Josef die Geschenke, die sie mitgebracht haben. Die im Text angebotenen Dinge sind nur als Beispiele gedacht. Sie können beliebig variiert und erweitert werden. Wichtig ist nur, daß jeder Spieler, der sein Geschenk überreicht, auch sagt, wofür es bestimmt ist.

Wir haben es vernommen

1.
Wir haben es vernommen,
daß du geboren bist.
Drum sind wir gleich gekommen,
daß jeder dich begrüßt.
Wir haben viel an dich gedacht,
und weil es uns selbst Freude macht,
haben wir, haben wir,
dir etwas mitgebracht.

Von verschiedenen Spielern gesprochen:
1. Ich hab' dir eine Kerze mitgebracht, die im Dunkeln leuchtet und wärmt.
2. Ich habe dir meine Babypuppe mitgebracht. Ich hab sie zwar so gern, aber ich hoffe, du freust dich darüber.
3. Ich habe dir mein Lieblingsgericht gebraten – Fischstäbchen. Jetzt sind sie wieder kalt. Aber Maria und Josef können sie dir ja wieder warm machen.

1.
Wir haben es vernommen,
daß du geboren bist.
Drum sind wir gleich gekommen,
daß jeder dich begrüßt.
Wir haben viel an dich gedacht,
und weil es uns selbst Freude macht,
haben wir, haben wir,
dir etwas mitgebracht.

1. Sprecher
Wir kommen zu dir heute.
Es führte uns der Stern.

Wir grüßen voller Freude
den Bruder und den Herrn.
Wir haben viel an dich gedacht
und weil es uns selbst Freude macht
haben wir dir etwas mitgebracht.
Weihrauch, Myrrhe und Gold
für den König des Himmels und der Erde.

Voller Freude
singen heute
alle Menschen nun.
Lobt und preist und
dankt von Herzen,
wie's die Engel tun.

Kanon: Ehre sei Gott

Ehre, Ehre sei Gott!
Ehre, Ehre sei Gott!
Ehre sei Gott und den Menschen.

Spielanleitung

Wir stehen in drei Reihen hintereinander im Halbkreis oder im Kreis. Zur ersten Zeile halten wir die Hände mit dem Handteller nach oben (Offene Gebetshaltung).
Zur zweiten Zeile heben wir die Hände in der gleichen Haltung hoch. Wir breiten die Hände weit aus, daß wir die Hände unserer Nachbarn rechts und links berühren und halten sie fest.
Beim Kanon beginnt die erste Reihe, dann folgen die zweite und dritte.

Liedanhang und weitere Spielmöglichkeiten

Da war im Dunkeln ein helles Funkeln.

So kam das Licht in unsere Dunkelheit.
So kam das Licht in unsere Einsamkeit.
Sie wurde plötzlich zur Vergangenheit,
und mit ihr ging auch alle Traurigkeit.
So kam das Licht zu uns herein
und ließ uns plötzlich glücklich sein.

Kehrvers:
Da war im Dunkeln ein helles Funkeln, da ...

Im Licht verlöscht all unser Zank und Streit.
Im Licht verlöschen Bosheit, Haß und Neid.
Es macht das Licht uns unsere Herzen weit,
wir spüren in uns schon die Fröhlichkeit.
So kam das Licht zu uns herein
und ließ uns plötzlich glücklich sein.

Kehrvers:
Da war im Dunkeln ein helles Funkeln, da ...

SPIELMÖGLICHKEITEN

Außer der im Spieltext angegebenen Spielanleitungen ist folgender Spielvorschlag möglich:
Der Raum ist abgedunkelt. Wir tragen alle noch nicht brennende Kerzen in der Hand. Wenn das Lied beginnt, wird eine Kerze angezündet. Mit dieser Kerze die nächste, so daß sich das Licht immer weiter ausbreitet und zum Schluß alle Kerzen brennen.
Wir können dazu im Kreis oder ganz ungeordnet im Raum stehen. Es können sich auch kleine Gruppen um eine Kerze versammeln, um sie herum auf der Erde sitzen oder hocken.
Wenn das Lied als Abendlied gesungen wird, kann einer nach dem anderen zum Schluß seine Kerze auslöschen und „Gute Nacht" sagen. Das ist besonders wirkungsvoll, wenn alle zum Schluß nur noch den Kehrvers leise dazu summen.
Das Lied kann auch beim Anzünden der Osterkerze in der Osternacht gesungen werden.
Es eignet sich ebenfalls für einen „Lichterreigen", wenn wir ganz langsam mit den brennenden Kerzen in unseren Händen im Kreis oder hintereinander gehen.

Sag Josef

warm, und der Stern gibt uns Licht, uns Licht.

SPIELMÖGLICHKEITEN

Das Spiellied kann ganz allein den Mittelpunkt einer weihnachtlichen Feier bilden. Wenn zwei Spieler sich gegenüberstehen und mit ihren Händen ein Dach bilden, stellt dies schon ein Gasthaus dar, in das dann nur noch der Wirt einzuziehen braucht. Auch aus Tischen und Stühlen können einzelne Gasthäuser gebaut werden.

Die Herbergssuche kann immer wieder mit dem gleichen Text wiederholt werden, wobei ein Gasthaus nach dem anderen aufgesucht wird. Erst am Ende zeigt einer ihnen den Weg zum Stall.

Im *Schattenspiel* schneiden wir Häuser aus Plakatkarton aus. Die Häuser wirken ganz schwarz, unfreundlich und tot. Auch die Menschen, die Josef und Maria abweisen, sind schwarz.

Erst der Wirt, der ihnen den Stall zeigt, wird aus Plakatkarton zwar ausgeschnitten, doch es bleiben nur die Umrisse mit einem schwarzen breiten Rand übrig. Dahinter kleben wir farbiges Transparentpapier. So wirkt er freundlich. Maria und Josef werden auch so gearbeitet, ebenso der Stall und der Stern, der an dem Dach des Stalls befestigt werden kann.

Kanon: Mitten in der Nacht

Mitten in der Nacht ist ein Stern erwacht, kündet allen, nah und fern, die Geburt des Herrn.

SPIELMÖGLICHKEITEN

Der Kanon wird im Spieltext zweimal mit unterschiedlichen Spielmöglichkeiten angegeben.
Weitere Möglichkeiten:
Wir bilden drei Gruppen und stellen uns an drei verschiedenen Stellen im Raum hintereinander auf. Beim ersten Einsatz geht die erste Gruppe hintereinander los, beim zweiten die zweite usw. Wir halten zunächst die Hände vor uns, dann hoch und halten uns dann bei der dritten Zeile an den Händen.
Die erste Gruppe bildet nun in der Mitte einen Innenkreis, wobei immer weiter gesungen wird. Die zweite Gruppe bildet einen Kreis um die erste, die dritte den Kreis um alle. Dazu gehen wir im Schreittanz.
Wir können auch ungeordnet durch den Raum gehen, den Stern zeigen und bei der dritten Zeile dem Menschen, der uns begegnet, die Hände reichen. So treffen wir immer andere Menschen.
Möglichkeit mit dem Chor:
1. Zeile: Wir sitzen und halten die Hände offen vor uns.
2. Zeile: Wir stehen auf und halten die Hände wie ein Stern hoch.

3. Zeile: Wir halten uns mit hochgehaltenen Händen aneinander fest.

Der Kanon kann auch als Abendlied mit folgendem Text gesungen werden:

> Mitten in der Nacht
> ist ein Lied erwacht,
> und es klingt ein
> Zauberwort
> leise in uns fort.

Kleines Kind im Stroh

Kleines Kind im Stroh, du machst uns so froh! Gott will, daß du alle liebst und uns Menschen Frieden gibst

Kleines Kind im Stroh, du machst uns so froh!

2.
Schlaf, mein Krippenkind!
Bläst auch kalt der Wind.
Du lädst alle Menschen ein,
willst ihr treuester Bruder sein.
Schlaf, mein Krippenkind!
Bläst auch kalt der Wind.

3.
Kamst zu uns herein,
wirst so einsam sein,
weil du alle Menschen liebst.
und für sie dein Leben gibst.
Kamst zu uns herein,
wirst so einsam sein.

4.
Kind auf meinem Schoß,
Gott macht dich so groß.
Du bist stärker als der Tod
und nimmst von uns alle Not.
Kind auf meinem Schoß,
Gott macht dich so groß.

METHODISCH-DIDAKTISCHE HINWEISE

Das Wiegenlied stellt bewußt die Geburt Jesu und seinen Tod am Kreuz nebeneinander und weist darauf hin, Krippe und Kreuz zusammen zu sehen. Es macht deutlich, daß Maria bei allem, was dieses kleine Kind zu erwarten hat, Trost allein bei Gott findet und sich ihm mit ihrem Kind anvertraut.

Wach auf

Wacht auf, wacht auf! Was kann das nur sein? Um

2.
Wacht auf, wacht auf!
Was kann das nur sein?
Um uns herum ist ein heller Schein.
Und dort seh ich Leute stehn,
die ich vorher nie gesehn.
Wacht auf, wacht auf!
Was kann das nur sein?

3.
Wacht auf, wacht auf!
Was kann das nur sein?
Um uns herum ist ein heller Schein.
Seht, es werden immer mehr,
und sie kommen zu uns her.
Wacht auf, wacht auf!
Was kann das nur sein?

4.
Steht auf, steht auf!
Erhebt euch ganz schnell!
Um uns herum ist jetzt alles hell!
Um uns ist ein heller Schein.

Seht, es müssen Engel sein!
Steht auf, steht auf!
Erhebt euch ganz schnell!

Engel:
5.
Hört zu, hört zu,
wir künden euch an,
was Gott für unsre Welt getan.
Überm Stall der helle Stern
zeigt euch die Geburt des Herrn.
Hört zu, hört zu,
das künden wir an!

6.
Geht los, geht los
und geht zu dem Kind.
Steht nicht herum! Los, geht geschwind!
Dieses Kind bringt ganz allein
Frieden in die Welt hinein!
Lauft los, lauft los
und geht zu dem Kind!

Hirten:
7.
Habt Dank! Habt Dank!
So laufen wir schnell.
Überm Stall strahlt der Stern so hell.
Kommt das Wunder anzusehn,
das in dieser Nacht geschehn!
Habt Dank! Habt Dank!
So laufen wir schnell!

SPIELMÖGLICHKEITEN

Die Hirten liegen auf der Erde und schlafen. Noch weit entfernt steht der Chor, der die Engel darstellt. Nur einer von ihnen geht langsam auf die Hirten zu. Er bleibt still vor ihnen stehen.

Da wird ein Hirte wach, reibt sich die Augen, erblickt den

Engel und erschrickt. Er weckt einen zweiten Hirten.
Während der ersten vier Strophen kommt der Chor langsam immer näher auf die Hirten zu, so daß er bei der 5. Strophe ganz nahe bei den Hirten ist. Anschließend laufen die Hirten zum Stall.
Das Lied kann auch ganz allein für sich stehen. Dazu wird die entsprechende Textstelle aus der Weihnachtsgeschichte (Lukas 2) gelesen.

Hirtentanz

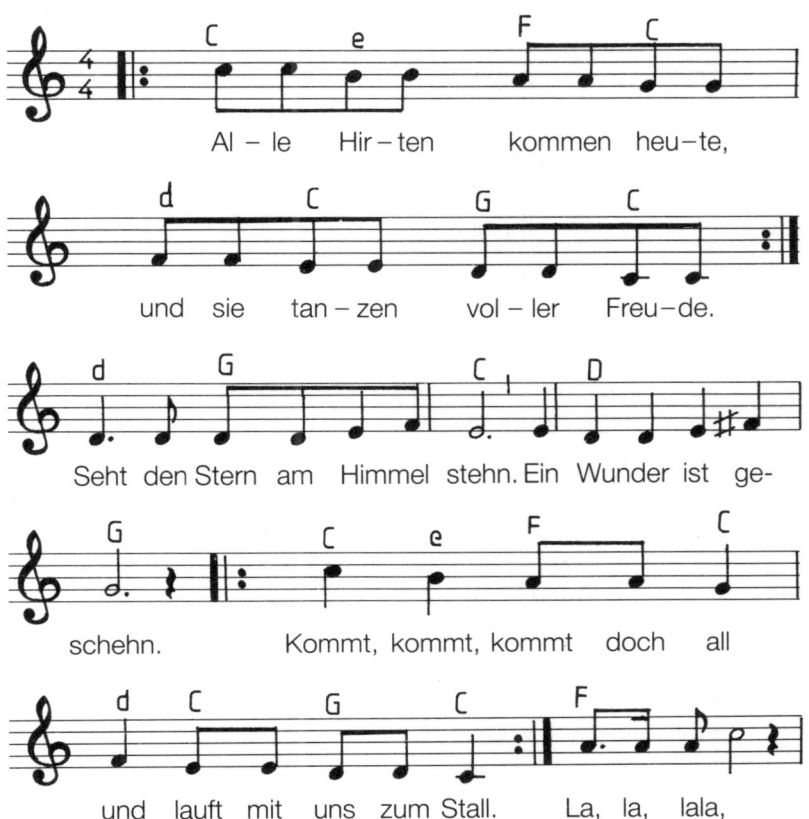

2.
Oh, wie freuen wir uns heute,
ich und du und alle Leute.
Laßt zum Stall uns alle gehn,
das Wunder anzusehn!
Kommt, kommt, kommt doch all'
und lauft mit uns zum Stall.
Lalala, lalala, la, la, la, la, la, la ...

3.
Darum sind wir voller Freude,
darum tanzen alle Leute.
Hoch erklingt das Weihnachtslied,
und alle singen mit:
Kommt, kommt kommt doch all'
und lauft mit uns zum Stall.

SPIELMÖGLICHKEITEN

Neben der im Spieltext angegebenen Möglichkeit können wir alle einen großen Kreis oder einen Kreis mit mehreren Reihen bilden und dazu tanzen. Wir fassen uns an den Händen und gehen nach links, dann nach rechts. Wir können auch die Arme einander um die Schulter legen. In der Mitte des Kreises kann auch ein Spieler mit einem Stern stehen oder selbst einen großen Stern darstellen. Der Stern kann auch von mehreren Spielern gebildet werden und sich langsam drehen.

Zu einem Ostertanz eignet sich folgender Text:

> Oh, wie freuen wir uns heute,
> ich und du und alle Leute,
> weil vom Tode Jesus Christ
> heute auferstanden ist.
> Froh klingt unser Lied,
> und alle singen mit.

Wißt Ihr schon

2.
Wißt ihr schon
was davon?
Habt ihr's schon vernommen?
Wißt ihr's schon?
Gottes Sohn ist zu uns gekommen!
In der Krippe liegt das Kind,
dort, wo Ochs und Esel sind.
Komm doch mit, komm doch mit!
Wer uns sieht bleibt nicht länger stehen.
Komm doch mit, komm doch mit,
sing ein Lied, wenn wir zu ihm gehen.

3.
Wißt ihr schon
was davon?
Habt ihr's schon vernommen?
Wißt ihr's schon?
Gottes Sohn
ist zu uns gekommen!
Und so ziehn wir durch die Nacht.
Jeder hat was mitgebracht.
Komm doch mit, komm doch mit!

Wer uns sieht,
bleib nicht länger stehen.
Kommt doch mit,
sing ein Lied,
wenn wir zu ihm gehen.

SPIELMÖGLICHKEITEN

Ein Weihnachtsspiellied, das ganz für sich allein den Mittelpunkt eines Weihnachtsgottesdienst mit Kindern oder einer Weihnachtsfeier im Kindergarten oder in der Grundschule darstellen kann.

Einer beginnt, geht zu dem Lied zu einem anderen, fragt ihn, was er dem Kind als Geschenk mitbringen will und lädt ihn ein mitzukommen. So entsteht nach und nach eine lange Reihe, die zur Krippe zieht.

Es können auch wirkliche Weihnachtsgeschenke mitgebracht werden. Wir wollen etwas schenken, weil wir uns so darüber freuen, das Jesus für uns Menschen geboren wurde, damals in Bethlehem. Und was können wir schenken: Lebens-

mittel, Decken, Spielzeug, Geld ... für Menschen, denen es nicht so gut geht wie uns. Alles wird dann später verpackt und verschickt. Adressen gibt es viele.

Drei Könige

Drei Könige, drei Herrn, drei Könige, drei Herrn, die
ziehen durch das ganze Land und folgen einen Stern.

2.
So folgen sie dem Stern,
so folgen sie dem Stern
und fragen überall im Land
nach Jesus, unserm Herrn.

3.
So folgen sie dem Stern,
so folgen sie dem Stern
und kommen auch nach Bethlehem
und fragen nach dem Herrn.

4.
Macht Platz den feinen Herrn!
Sie folgen diesem Stern.
Und in der Krippe hier im Stall
da finden sie den Herrn.

SPIELMÖGLICHKEITEN

Ein Lied, das als Sternsingerlied im Januar eingesetzt werden kann, wenn wir – als Könige verkleidet – hinter einem Sternträger von Gruppe zu Gruppe oder von Haus zu Haus ziehen. Im Kreisspiel stellen wir viele Häuser mit Leuten darin dar (Jeweils zwei Spieler bilden mit ihren ausgestreckten Händen das Dach). Die Könige gehen von Haus zu Haus und fragen nach dem Kind im Stall.

Es kann dazu auch ein Segensspruch zum neuen Jahr gesagt werden:
Ich wünsch' dir ein frohes neues Jahr,
daß dich der liebe Gott bewahr';
ich wünsche soviel Glück und Segen
wie Tropfen sind in einem Regen;
ich wünsch' dir soviel Wohlergehn,
wie Sterne an dem Himmel stehn.
(überliefert)

Die Legende von den drei Räubern

Es lebten einst drei Räuber nicht weit von Bethlehem. Die plünderten und raubten bis

Unrecht mehr be – gehn.

2
Sie trugen Schwert und Säbel
und sahn gefährlich aus.
Und sah man sie nur kommen,
nahm jeder gleich Reißaus.
Sie ruhten aus bei Tage
und raubten in der Nacht
und haben manchen Menschen
um Hab und Gut gebracht.

3.
Und legten sich die Leute
den Riegel vor die Tür,
so merkten sie am Morgen:
Die Räuber waren hier!
Weil diese wilden Räuber
so viele schon bedroht,
drum waren sie gefürchtet
von allen wie der Tod.

4.
Einst sahen die drei Räuber
noch Licht in einem Stall.
Da planten sie gemeinsam
sogleich den Überfall.
Sie rissen auf das Stalltor,
daß es zur Seite flog.
Da standen ein paar Leute
um einen Futtertrog.

5.
Es rasselten die Säbel.
Sie brüllten: „Hände hoch!
Geld oder euer Leben!"
Und manches Schlimme noch.

Maria sah die Räuber
ganz still und freundlich an.
Sie zeigte auf die Krippe
und winkte sie heran.

6.
Sie sagte zu den Räubern:
„Ihr macht das Kind ja wach!
Seht, Gottes Sohn will schlafen!
Macht doch nicht solchen Krach!"
Im Stall, da ist ein Wunder
in dieser Nacht geschehn.
So konnten die drei Räuber
sich selber nicht verstehn.

2. Kehrvers:
Ein Wunder,
ein Wunder,
ein Wunder ist geschehn,
damit die drei Räuber
kein Unrecht mehr begehn.

7.
Sie knieten vor dem Kind, und
sie beteten es an
und baten um Vergebung
für das, was sie getan.
Dann zogen sie verstohlen
die Räuberstiefel aus
und tappten durch das Tor
in die dunkle Nacht hinaus.

Kehrvers:
Ein Wunder,
ein Wunder,
ein Wunder ist geschehn.
Und von den
drei Räubern
ward keiner mehr gesehn.

Kanon: Da ist ein Leuchten in der Nacht

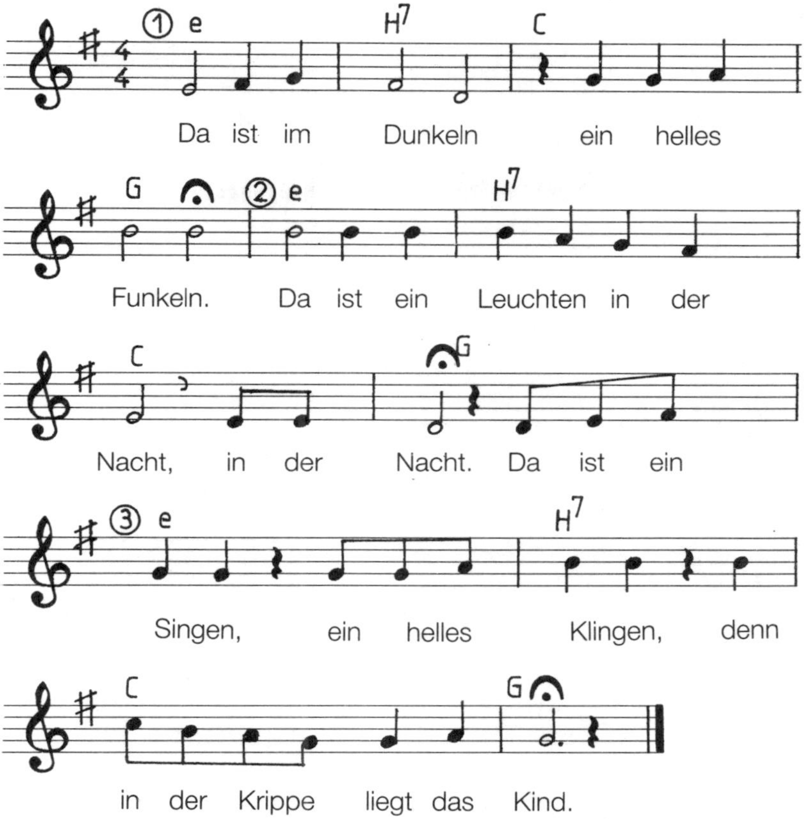

① e
H7
C
Da ist im Dunkeln ein helles
G
② e
H7
Funkeln. Da ist ein Leuchten in der
C
G
Nacht, in der Nacht. Da ist ein
③ e
H7
Singen, ein helles Klingen, denn
C
G
in der Krippe liegt das Kind.

Eine lange Karawane

wir den Kö-nig fin-den, su-li-a-ram.

2.
Eine lange Karawane
kommt von fern daher.
Und ihr folgen viele Leute,
werden immer mehr.

Kehrvers:
Suli, suliaram, eilo ...

3.
Eine lange Karawane
zieht von Land zu Land.
Menschen, die sich neu begegnen,
ziehen Hand in Hand.

Kehrvers:
Suli, suliaram, eilo ...

4.
Unsre lange Karawane
zieht von Stadt zu Stadt.
Sucht den König, der der Himmel
uns verheißen hat.

Kehrvers:
Suli, suliaram, eilo ...

5.
Weiter zieht die Karawane
weiter Schritt für Schritt.
Große Leute, kleine Leute,
alle ziehen mit.

Kehrvers:
Suli, suliaram, eilo ...

SPIELMÖGLICHKEITEN

Neben der Karawane der Sterndeuter, so wie sie im Spieltext beschrieben wird, kann auch zu jeder anderen Festlichkeit eine Karawane gebildet werden, zum Beispiel zum Sommerfest, zu Fastnacht usw.
Dazu singen wir folgende Strophen:

> Eine lange Karawane
> kommt von fern daher.
> Und ihr folgen viele Leute,
> werden immer mehr.
> Suli, suliaram,
> eilo suliaram.
> Wir wollen uns verneigen
> und uns den Leuten zeigen.
> Suliaram.
>
> Eine lange Karawane
> zieht von Land zu Land.
> Menschen, die sich neu begegnen,
> ziehen Hand in Hand.
> Suli, suliaram,
> eilo suliaram.
> Weil wir uns gut verstehen,
> kann jeder mit uns gehen.
> Suliaram.
>
> Weiter zieht die Karawane,
> weiter Schritt für Schritt.
> Große Leute, kleine Leute,
> alle ziehen mit.
> Suli, suliaram,
> eilo suliaram.
> Wir sind so viele Leute,
> und das macht allen Freude.
> Suliaram.

Zu dem Lied können wir in einer langen Reihe, einer hinter dem anderen, zu zweit oder zu dritt nebeneinander ziehen. Wir können auch eine Polonaise damit anleiten.

Sagt uns doch ihr Wächter

2.
Seht, drei edle Herren,
die stehen vor dem Schloß!
Die stehen vor dem Schloß!
Sie kommen von ferne
und deuten die Sterne
und grüßen dich gerne
mit ihrem ganzen Troß,
mit ihrem ganzen Troß.

3.
Führt die edlen Herren
herein in unser Schloß!
Herein in unser Schloß!
Herein ohne Zagen!
Ihr wollt uns was fragen?
Ihr wollt uns was sagen?
Kommt her und fragt drauflos!
Kommt her und fragt drauflos!

4.
Sagt, ihr edlen Herren,
wen sucht ihr hier im Schloß.
Wen sucht ihr hier im Schloß.
Es tragen die Knaben
Geschenke und Gaben.
Sagt, wer soll sie haben?
Sagt an, wen sucht ihr bloß?
Sagt an, wen sucht ihr bloß?

Ein Stern hat uns den Weg gezeigt

2.
Ein heller Stern zeigt uns den Weg,
wenn wir zum Himmel schaun.
Der helle Stern zeigt uns den Weg,
ihm können wir vertraun.

Kehrvers:
Ein Kind ist geboren.
Wir künden davon.
Das Kind ist der König
und Gottes Sohn.

3.
Wir kommen nach Jerusalem,
zur Hauptstadt hier im Land.
Wir fragen in Jerusalem:
Ist hier etwas bekannt?

Kehrvers:
Ist hier unser König,
sein Schloß und sein Thron?
ein Kind ist der König
und Gottes Sohn.

SPIELMÖGLICHKEITEN

Wenn nur die beiden ersten Strophen eingesetzt werden, kann das Lied beim Dreikönigstag als Sternsingerlied gesungen werden.
Dann kann als dritte Strophe folgender Text gesungen werden:

Wir folgen diesem hellen Stern.
Er leuchtet wunderbar.
Wir wünschen allen Menschen gern
ein gutes neues Jahr!

Kehrvers:
Ein Kind ist geboren.
Wir künden davon.
Das Kind ist der König
und Gottes Sohn.

Kleines Städtchen Bethlehem

2.
Kleines Städtchen Bethlehem
nahe bei Jerusalem
unbedeutend und gering.
Trotz alledem
bist du noch so klein,
sollst du ganz allein
Geburtsort unseres Herrn
und Königs sein.

Der zu uns gefunden,
der mit uns verbunden,
der unser Bruder ist.
Er wird bei uns stehen
und wird mit uns gehen,
weil Gott uns nie vergißt,
weil Gott uns nie vergißt.

3.
Kleines Städtchen Bethlehem
nahe bei Jerusalem
unbedeutend und gering.
Trotz alledem
bist du noch so klein,
sollst du ganz allein
Geburtsort unseres Herrn
und Königs sein.

Er wird sich erbarmen
der Schwachen und Armen,
der unser Bruder ist.
Er wird für uns leiden
und wird mit uns streiten,
weil Gott uns nie vergißt,
weil Gott uns nie vergißt.

4.
Kleines Städtchen Bethlehem
nahe bei Jerusalem
unbedeutend und gering.
Trotz alledem

bist du noch so klein,
sollst du ganz allein
Geburtsort unseres Herrn
und Königs sein.

METHODISCH-DIDAKTISCHE HINWEISE

Das Lied interpretiert Matthäus 2, 6 und nimmt Bezug auf die Aussagen des Neuen Testamentes. Es kann von einzelnen Stimmen oder von dem ganzen Chor gesungen werden. In einer Meditation können auch Dias von Bethlehem oder Motive von Krippen oder Krippenbildern dazu gezeigt werden.

Rahels Klage

2.
Sie kamen, mein Kind zu morden.
Es bleibt nur die trostlose Not.
An Schuldlosen schuldig geworden.
So sinnlos ist dieser Tod.
Ich schütz' es mit meinen Armen.
Sie nahmen es mit Gewalt.
Sie töteten ohne Erbarmen.
Es war erst zwölf Monate alt.
Kyrie, Kyrie, Kyrie eleison.

3.
So kam über Nacht der Winter.
Die Rosen erforen im Frost.
Wir weinen um unsere Kinder
und finden doch keinen Trost.

Wir schützten sie mit den Armen
und schrien vor Wut und Not.
Sie packten sie ohne Erbarmen.
Unsre Kinder, sie sind alle tot.
Kyrie, Kyrie, Kyrie eleison.

METHODISCH-DIDAKTISCHE HINWEISE

Der Text interpretiert Matthäus 16-18. Es wird sich die Frage stellen, ob man einen solchen Text Kindern zumuten darf. Soll man Kinder mit einem Text konfrontieren, der für gleichaltrige Kinder in einem anderen Land der Erde grauenvolle Realität ist? Je früher Menschen Informationen erhalten, je früher sie zum Nachdenken gebracht werden, umso vorurteilsloser oder vorurteilsbewußter werden sie zum Handeln angeregt werden können. Wenn Kinder ernst genommen werden, dann müssen sie auch das Wort des Papstes verstehen lernen, das sich auf alle Christen bezieht: „Unser Christsein erlaubt uns nicht, gleichgültig zu sein und uns zu weigern, ungerechte soziale oder internationale Situationen zu sehen. Was das Christsein uns verbietet, ist Lösungen für diese Situationen auf dem Wege des Hasses, durch die Ermordung schutzloser Menschen oder durch terroristische Methoden zu suchen." Was in diesem Lied geschildert wird, gehört nicht zur schrecklichen Ausnahme.

Kinder kommen um bei Sprengstoffanschlägen; Kinder leiden, sterben im Krieg; Kinder werden aus ihrer Heimat vertrieben. Und auch bei uns stehen viele Kinder schutzlos der Macht der Erwachsenen gegenüber und sind ihnen ausgeliefert. Und dieser Text gehört nun auch in den Zusammenhang mit der Weihnachtsgeschichte.

Unverarbeitete Ereignisse aus der Tagesschau, die von Kindern gesehen und oft erlitten wird, können wir meist nicht aufarbeiten. Aber es gibt Texte, die darüber berichten und auch dann mit Kindern besprochen werden können.

Kanon: Ein Licht leuchtet auf in der Dunkelheit

Wir reisten los nach Bethlehem

SPIELMÖGLICHKEITEN

Eine Spielform ist im Spieltext genau beschrieben. Wenn das Lied ganz allein für sich steht, kann folgende Variation gesungen und gespielt werden: Nachdem die Sterndeuter von einem zum anderen geschickt werden, singen sie folgende letzte Strophe und gehen dann zum Stall:

> So müssen wir in Bethlehem
> noch immer weitergehn,
> bis einer ruft: „Seht ihr den Stern
> über dem Stall dort stehn?
> Der Stern führt zum König!"
> Wir folgen geschwind.
> Er führt uns zur Krippe!
> Dort finden wir das Kind!

Sternsingerlied

2.
Der Melchior, Kaspar, Balthasar
und eine große Kinderschar.
So folgen wir dem Stern
und fragen, und fragen,
und fragen nach dem Herrn.

3.
Wir sahen fern in unser'm Land,
daß dieser Stern am Himmel stand.
So folgen wir dem Stern
und fragen, und fragen,
und fragen nach dem Herrn.

4.
Wir fragten in Jerusalem,
der Stern steht über Bethlehem.
So folgen wir dem Stern
und fragen, und fragen,
und fragen nach dem Herrn.

5.
In Bethlehem im Stall zur Nacht
ward Gottes Sohn zur Welt gebracht.
So nah' sind wir dem Stern
und finden, und finden,
und finden unsern Herrn.

SPIELMÖGLICHKEITEN

Die drei Könige gehen im Kreis herum und stellen sich vor. Dann folgen ihnen immer mehr. Einer geht vor ihnen her, der einen Stern an einem Stab trägt. Das Lied kann auch am Dreikönigstag gesungen werden, wenn die Heiligen Drei Könige von Haus zu Haus ziehen.

Kommt nur herein

2.
Kommt nur herein!
Kommt nur herein!
Ist dieser Stall auch eng und klein.
Tuscheln, wispern,
nur noch flüstern,

lauschen, hören,
ja nicht stören!
Seht nur, das Kind im Stroh
macht uns so froh!

3.
Kommt nur heran!
Kommt nur heran!
Schaut euch das Kind in der Krippe an!
Etwas bücken,
zaghaft drücken,
lächeln, schmeicheln,
zärtlich streicheln.
Seht nur, das Kind im Stroh
lächelt so froh!

SPIELMÖGLICHKEITEN

Als Vorbereitung können wir ganz leise durch den Raum gehen. Einer steht mit verbundenen Augen mitten im Kreis. Wir gehen so leise an ihm vorbei, tauschen unsere Plätze usw., daß er nichts bemerkt. Wenn er doch etwas hört und in eine bestimmte Richtung deutet, dann muß der Spieler, der nicht leise genug war, mit verbundenen Augen in der Kreis hinein.

Zu dem Lied, das von einer Gruppe gesungen wird, kann eine zweite Gruppe pantomimisch darstellen: auf Zehen gehen, tuscheln usw.

Wir haben es vernommen

2.
Wir kommen zu dir heute.
Es führte uns der Stern.
Wir grüßen voller Freude
den Bruder und den Herrn.
Wir haben viel an dich gedacht
und weil es uns selbst Freude macht,
haben wir, haben wir,
dir etwas mitgebracht.

SPIELMÖGLICHKEITEN

Das Spiellied kann für sich allein im Mittelpuinkt eines Gottesdienstes oder einer Weihnachtsfeier mit Kindern stehen. Jeder bringt etwas mit oder deutet gestisch an, was er mitbringt, z.B. eine Decke, ein Schaf, eine Flasche, Weintrauben usw.

Kanon: Ehre sei Gott

SPIELANLEITUNG

Wir stehen in drei Reihen hintereinander im Halbkreis oder im Kreis.

Zur ersten Zeile halten wir die Hände mit dem Handteller nach oben (offene Gebetshaltung). Zur zweiten Zeile heben wir die Hände in der gleichen Haltung hoch. Dann breiten wir die Hände weit aus, daß wir die Hände unserer Nachbarn rechts und links berühren. Wir halten uns an den Händen fest.

Der Kanon ist nicht an die Weihnachtsgeschichte allein gebunden. Er kann überall und jederzeit im Gottesdienst eingesetzt werden, macht er doch deutlich: Wenn ich Gott ehre, habe ich auch Ehrfurcht vor seiner Schöpfung und seinen Geschöpfen.

Backen und Basteln um Weihnachten

Zimtsterne

Wir brauchen:
3 Eiweiß
250 g Puderzucker
1 Päckchen Vanillezucker
3 Tropfen Bittermandelöl
1 Teelöffel Zimt
300 g gemahlene Mandeln

Zubereitung:
1. Das Eiweiß steifschlagen
2. Puderzucker langsam darunter untersieben
3. Gut 3 Eßlöffel Eischnee abnehmen.
4. Unter den übrigen Eischnee Vanillezucker, Bittermandelöl, Zimt und die Hälfte von den gemahlenen mandeln unterrühren bis er kaum noch klebt.
5. Den Teig ½ cm dick ausrollen, Sterne ausstechen, auf ein gefettetes Backblech legen und mit dem zurückgelassenen Eischaum bestreichen.
6. Die Zimtsterne 20-30 Min bei 130-150 Grad backen.

Weihnachtsstern

Seine Heimat ist Mexiko. Dort wächst die Pflanze an feuchten, schattigen Orten und wird bis zu vier Meter hoch. Wir kennen den Weihnachtsstern als Zimmerpflanze. Da ist sie höchstens einen Meter hoch. Sie blüht im Dezember. Ihre roten Blätter sehen wie ein großer Stern aus. Es gibt gelbe, rosa und weiße „Weihnachtssterne".

Der Weihnachtsstern kann, wenn er richtig gepflegt wird, viele Jahre die Menschen erfreuen.

Bratäpfel

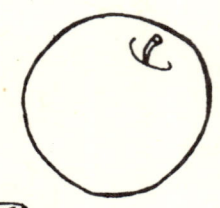

Wir brauchen:
8 Äpfel
30 g Butter
50 g Mandeln
(oder gemahlene Mandeln)
2 Eßlöffel Zucker
etwas Zimt

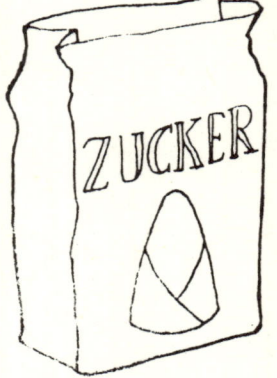

Zubereitung:
1. Die Äpfel waschen und schälen.
2. Das kerngehäuse vorsichtig herausstechen.
3. Eine feuerfeste Form mit Butter bestreichen.
4. Die Äpfel in diese Form hineinsetzen.
5. Die Mandeln mahlen und mit Zucker und Zimt mischen.
6. Die Äpfel mit dieser Mandelmischung füllen.
7. Auf jeden Apfel noch ein Butterflöckchen setzen.
8. Die Äpfel 15 Miuten lang im mittleren Fach des vorgeheizten Backofens braten lassen.
9. Die Bratäpfel heiß servieren.

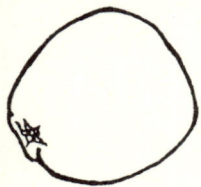

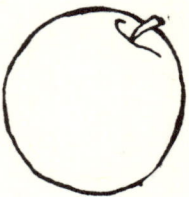

Das schmeckt auch gut:
Man kann die Äpfel heiß mit kalter Vanillesoße servieren. Wenn man die Äpfel kalt stellt und dann mit süßer Sahne serviert, schmeckt das auch gut.

Suchbild

Es suchen drei Könige den Herrn.
Es folgten drei Könige dem Stern.
Zwei Könige seht ihr vorübergehn.
Könnt ihr auch noch den dritten sehn?

Christstollen

Wir brauchen:
Für den Teig:
750 g Mehl
50 g Hefe
¼ l Milch
150 g Zucker
1 Päckchen Vanillezucker
etwas Salz
1 Eßlöffel Rum
Saft einer halben Zitrone
1 Messerspitze Muskat
250 g Butter
300 g Sultaninen
125 g Korinthen
100 g Zitronat (kleingewürfelt)
100 g gemahlene Mandeln

Zum Bestreichen:
75 g Butter

Zum Bestäuben:
Puderzucker

Zubereitungszeit: 60 Minuten

Backzeit: 50 – 60 Minuten

Zubereitung:
1. Aus Mehl, Hefe, Milch, Zucker, Vanillezucker, Gewürzen und Butter einen Hefeteig herstellen (siehe Seite 24).
2. Wenn der Teig richtig aufgegangen ist, die Sultaninen, Korinthen, Mandeln, das Zitronat, den Saft einer halben Zitrone und einen Eßlöffel Rum darunterschlagen und den Teig nochmals gehenlassen.
3. Teig ausrollen und zu einem Stollen formen.
4. Auf ein mit Alufolie belegtes Backblech legen und im vorgeheizten Backofen bei 200° 50 bis 60 Minuten backen.
5. Nach dem Backen noch heiß mit Butter bestreichen und mit Puderzucker bestäuben.

Adventskalender zum Nachbasteln

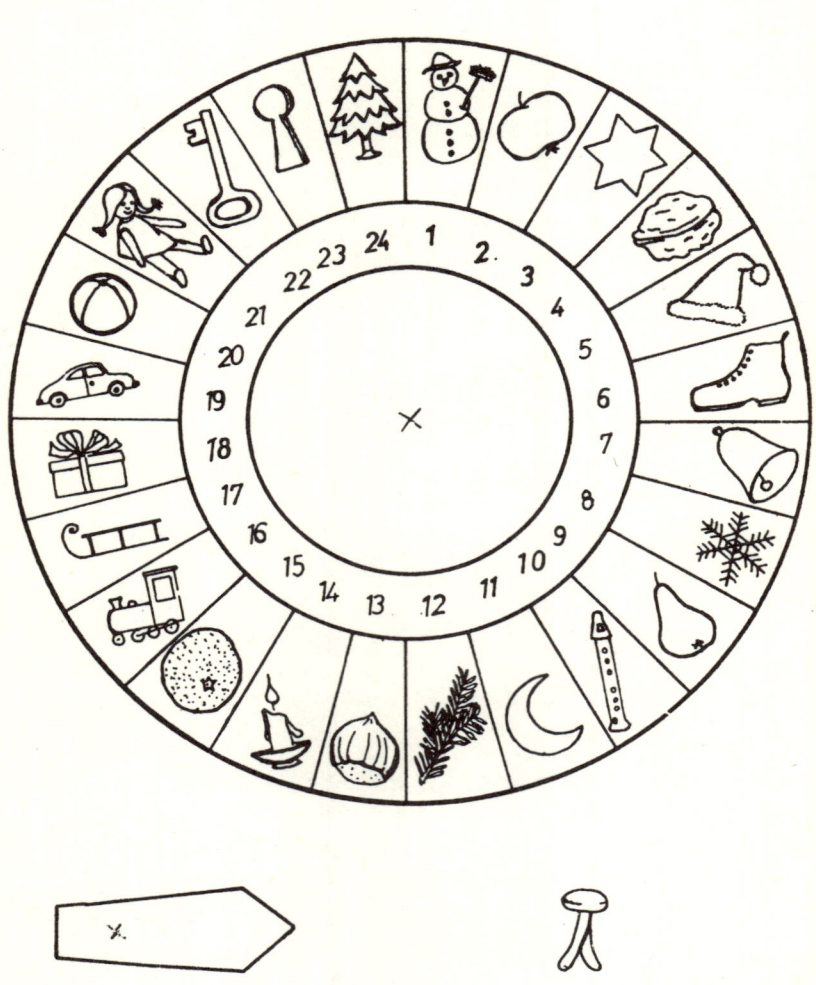

Weihnachtsteller

Wir brauchen:
Porzellanteller, Zeitungspapier, Tapetenkleister, Plaka-Farben, Lack, Pinsel

 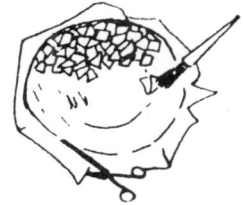 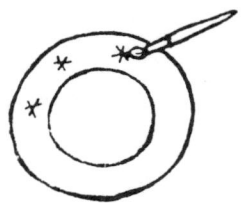

Wir basteln:
1. Wir zerreißen Zeitungspapier in kleinen Fetzen.
2. Ein Porzellanteller wird mit einer Lage Zeitungspapier ausgelegt.
3. Wir streichen die Zeitungspapierfetzen mit Tapetenkleister an.
4. Mehrere Lagen Zeitungspapierfetzen werden gleichmäßig verteilt in den Teller (auf die Lage aus unzerrissenem Zeitungspapier) geklebt. Das Papier muß gut angedrückt werden und die Form des Tellers gewahrt bleiben.
5. Nun warten wir, bis die Papierlagen getrocknet sind. Dann stürzen wir die Form aus dem Teller und lassen sie nochmals gut trocknen.
6. Wenn der Teller trocken ist, wird er mit Plaka-Farbe bunt bemalt.
7. Um den Teller dauerhafter zu gestalten, wird er nach dem Trocknen der Farbe lackiert.

Verwendung:
Teller für Plätzchen zu Festen, Geschenk, Wandschmuck, Tischschmuck.

Variation:
Vor dem Lackieren werden bunte (Weihnachts- oder Ostermuster) aufgeklebt.

Rätsel zum Ausmalen

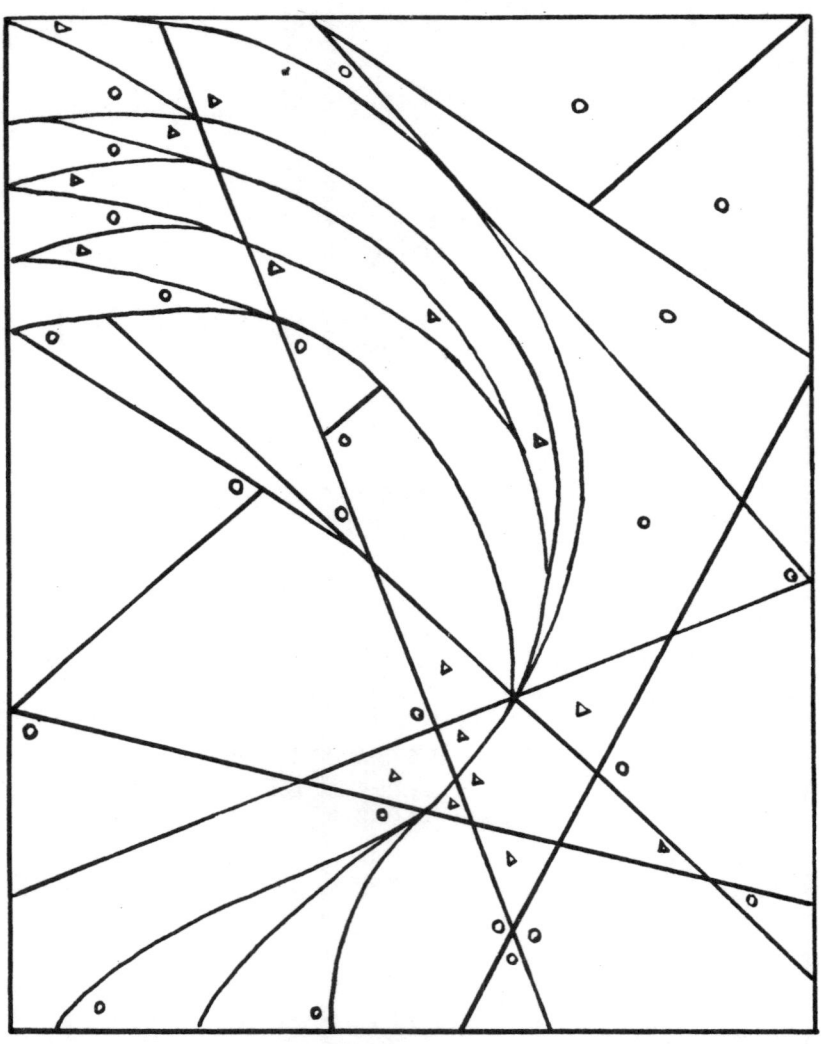

△ = gelb
○ = blau

Du siehst mich am Abend
und in der Nacht.
Ich habe über dem Stall gewacht.
Die Heiligen Könige folgten mir gern
und fanden im Stall
den König, den Herrn.

Mein Wunschzettel

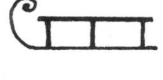

Rätsel zum Ausmalen

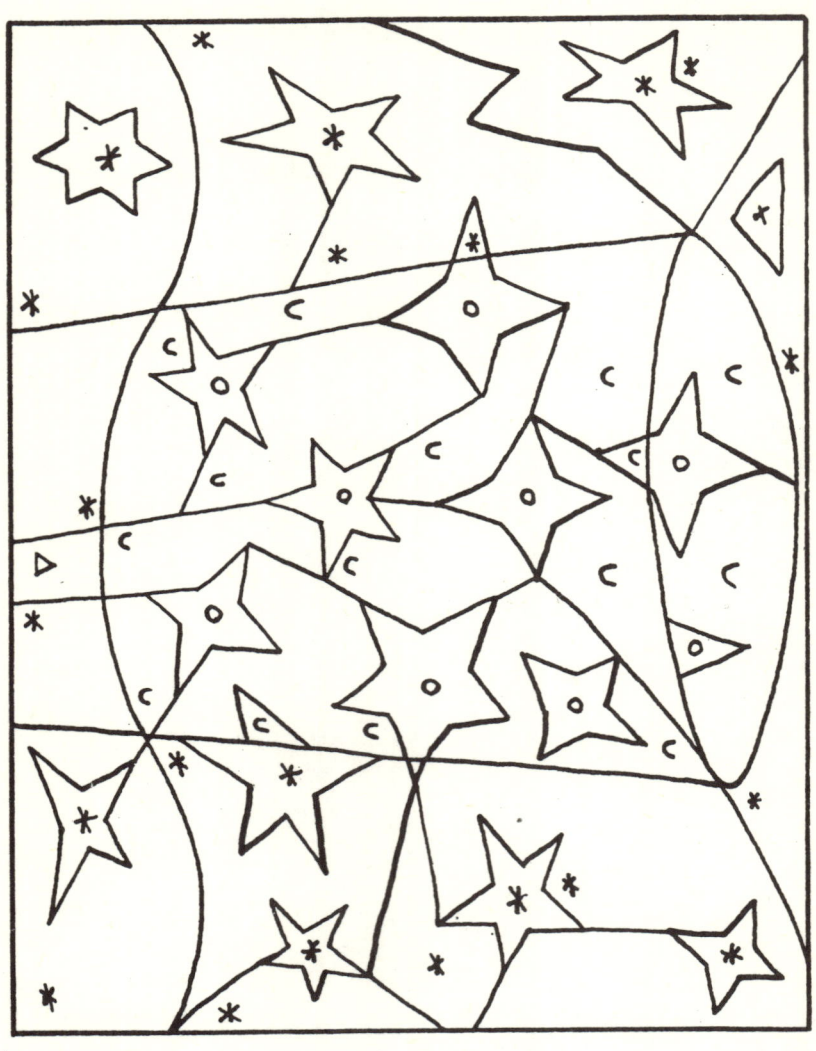

○ = gelb
✱ = blau
U = schwarz
△ = braun

Ich bin aus Pappkarton gemacht
und leuchte in die dunkle Nacht.
Die Kerze mitten in mir drin.
Jetzt rate, rate, wer ich bin!

Süßer Christbaumschmuck

Wir brauchen Kekse, Puderzucker, Eiweiß und Kordel

Kekse werden paarweise sortiert

Puderzucker und Eiweiß werden zu einer Klebemasse verrührt

Zuckerguß-Klebemasse mit einem Kuchenpinsel zwischen die Kekse streichen und Kordelschlaufen dazwischenkleben

Irmchen Edelkötter heiße ich, lese gerne vor und pfeife am liebsten auf Fingern.

Ludger Edelkötter heiße ich, komponiere Lieder, höre gerne zu, lasse mich aber ungern anpfeifen.

Rolf Krenzer hat die Spiele und Texte ausgedacht und aufgeschrieben.

Dagmar Domina, seine Frau hat die Bilder dazu gezeichnet.

Gitarrengriffe

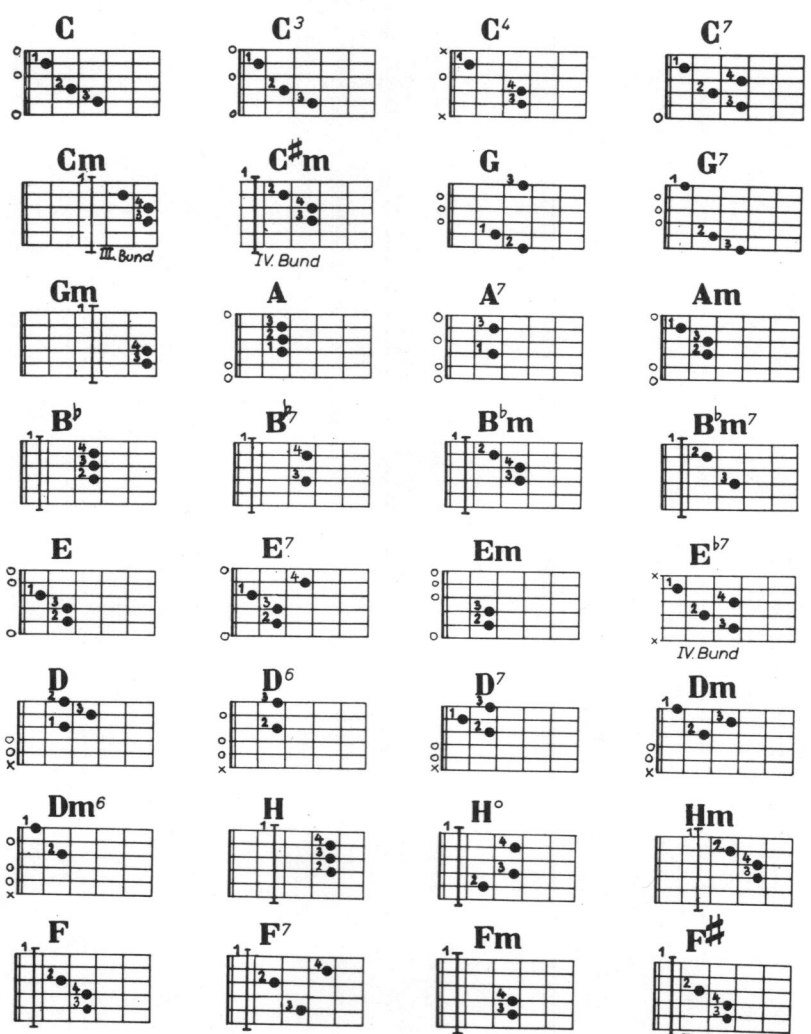

Erklärung zur Grifftabelle:
O = leere Spalte
X = abgedämpfte Saite

1,2,3,4, = Zeige-, Mittel-, Ring-, kleiner Finger
1⊢——⊣ = Barrégriff

Blockflötengriffe

Hiermit gebe ich folgende Erklärung ab:

Ist bei der aufgemalten Flöte ein Loch geschlossen, (●), dann sollte bei Deiner Blockflöte besser auch das Loch geschlossen sein, mit dem richtigen Finger, versteht sich!

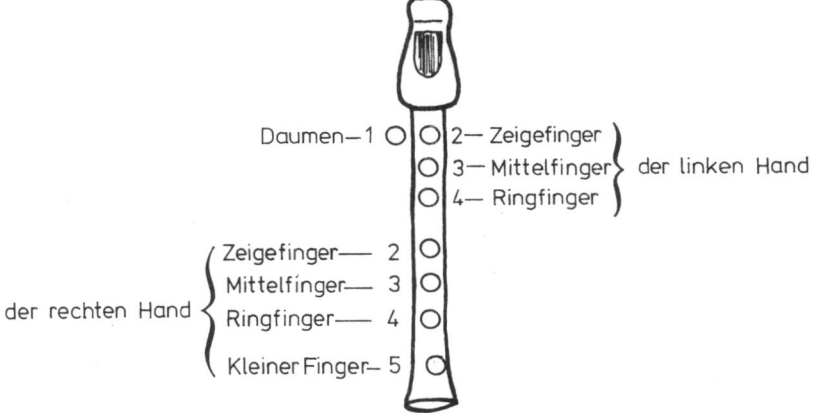

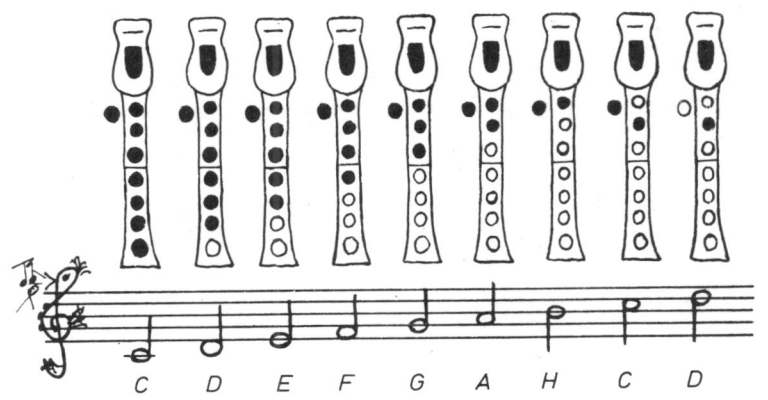

Die „übergeblasenen" Töne

Bei übergeblasenen Tönen wird das Daumenloch ein wenig geöffnet (◐) und etwas fester geblasen!

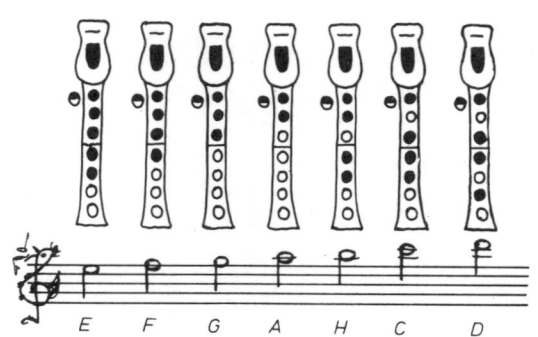

E F G A H C D

Griffe mit Vorzeichen

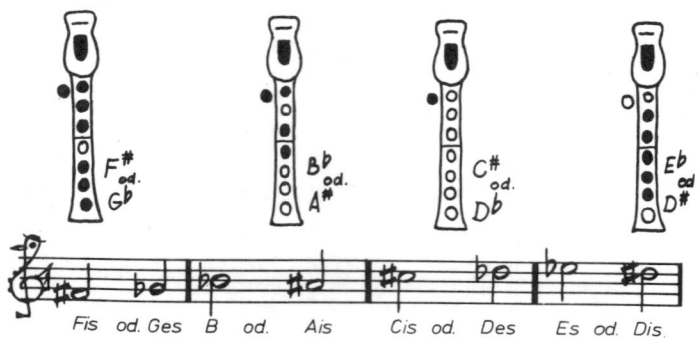

Fis od. Ges   B od. Ais   Cis od. Des   Es od. Dis

Nachtrag: Bist Du zu Deiner Flöte grob, drückst sie zu feste, oder spielst zu laut, dann ärgert sich Deine Flöte und quietscht!